JN008167

息吹よふたたび

アイヌの人と共に

富樫利一

彩流社

目次

［1］ 息吹よふたたび

　永遠に流れるであろう人間の歴史の中で強者は弱者を侵し、追い詰め、その存在を危うくさせた。人間は宿命のように争いを、生命を宿す地球上で繰り返して来た。何年も何年も殺りくを繰り返した。今もなお、地球の何処かで愚かな争いの行為が行われている。恐ろしい事に強者はその事を正義と信じていることである。また、理屈をつけて正義であろうとする。戦火が混じり、血が流れ、街が破壊され、人々は逃げまどう。飢えが襲い、略奪が始まり、人間は野獣と化してしまう。

　強者の意のまま強制連行が行われ、また、戦乱の地から人々は他の地に少しでもまともな生があることを信じて国境を越える。故郷《くに》を捨てざるを得ない苦い生を求める。

　人類の愚行の一つが、この北海道でも行われて来た。この大地、人間の住む大地、アイヌモシリでも強者は我がもの顔で先住民族であるアイヌを制圧し、無視し、あって無きが如く、コミュニティの片隅に追いやったばかりでなく労働をも強いた。それは暴力と強制・家族との分断を伴うものであった。やがて、民族としての言語・宗教・風俗・土地をも奪う非道なものとなって行く。民族の誇りも、カムイへの祈りも強い圧力によって消そうとした。

　アイヌとは人間のことである。人間《アイヌ》の誇りを失う事は大変な危機であった。だから、そうはさせじと前を見続け、必死に生きて民族の光明を見つけ求めようとした。

しかしその虐《しいた》げられた時の流れは長かった。気の遠くなるような長い時間であった。ようやく近代日本と言われる明治時代になって旧土人保護法という差別法を国家は作ったが何ら変わることなく近代化され行く日本社会では孤児の如く見向きもされず、歴史の記録にもあるか、無しかの存在、「日本人」の名を与えられ、日本人社会の中で生きて行かざるを得なかった。

大正、昭和となり新しい憲法の下でも日本社会の「日本人アイヌ」に対する差別は何等変わらなかった。日本国家は単一民族であると平然と言い放った総理大臣も出現した。アイヌの墓は荒らされアイヌ人骨は標本とされ、研究対象となった。暗い、重い空気の中でもアイヌは何とか生きて行った。彼のみの知る体験の中で息づいていた。世界の民族の意識も次第にめばえ、先住民族復興の気運が高まり、先住者を侵した側もそれを無視することができなくなった。国連での人権委員会の動きから始まり国連はアイヌ民族を先住民族と認めるに至った。

北海道アイヌ協会の野村理事長は「この地球はウレシパモシリと言って、万物すべてがお互いに育て合いをしている大地なんだよ」と、「アイヌ新法」制定の必要性を説いた時に言った。

現実世間の人間の愚かさを諭したことばをアイヌ語の意味で言ったのである。アイヌにとって決して満足ではないが二〇一九年にアイヌ新法は成立した。先住民族としての諸権利は新法に明文化はされなかったが、民族の文化の復興、普及と共に将来を目指したものと理解したい。これからは日本人とアイヌの対等の共存の世界(社会)作りを目指さなければならないのだろう。決して変えてはいけないものと、尊重しながらも異文化と混じり合った新しいものへの創造が期待される。長い歴史、苦しい、悲しい、重い時の流れ、それをしっかり踏まえたものでなければならない。単なる観光政策であってはならないし、アイヌにとって重圧となるものであってもならない。

「過去なんか振り返るな！」

「新しい未来は明るいよ！」

そんな言葉に振りまわされてはいけない。重い空気を吸いながら、何万人の先祖がポクナモシリ（地中の死後の世界）へ行ったのか、彼ら彼女らが、アイヌとしての息づきを確認し、その息吹をふたたび新しい世界へ甦みがえさせることが大切なのだ。

アイヌ、人間として生きた人。それにかかわった人たちの存在を、しっかり認知しておくことは今こそ大切なのだ。

〔2〕　アイヌネノアンアイヌ

アイヌネノアンアイヌの意味は男の中の男と男性の中でも最も賞賛される称号である。

金成喜蔵[1]はホロベツアイヌ（現登別市）の中で大カンナリと言われていたようである。

明治四年[2]十一月付の幌別郡土人別調では、そのとき四十七歳で、一家を構えていて金成太郎[3]の父親である。妻レルラの弟・恵理雄とモナシノウク[4]の間の子が金成マツ[5]であり、妹のナミは知里幸恵[6]、真志保[7]等の母親なのである。

喜蔵は一九一二年(明治四十五年)に没しているから、アイヌを日本人とした明治政府の過酷な政策をコタンの中の壮者としてまともに受けざるを得なかった半生であったろう。

圧倒的な力で押し寄せて来る日本人・日本文化に抗すべき手段はすでに失われていたから、その中で生きるべき民族の方策を考えざるを得なかった。長男、太郎を日本人の学校、室蘭常盤学校に入学させ、異例とも思える札幌師範学校まで進学させたのである。

喜蔵がコタンの代表者となったと思われる公式の文書が存在する。一八八二年(明治十五年)十月付「幌別郡内土人学校設立ノ義ニ付嘆願書」(8)の総代金成喜蔵以下五人の筆頭である。この嘆願書には学校の維持費はアイヌが持つと書かれているのだ。幌別では片倉一族入植の時、すでにアイヌは七町二反の農地があったと記録されており、一八八五年(明治十八年)の納税者の記録にはアイヌ十五人、片倉十九人、寄留人五人、移住者十人とされており、その筆頭者として和人と並んで喜蔵の名がある。また、一八八一年から一八八六年までの土地所有者として、喜蔵は八町七反二七十八歩と記録されている。だからこのとき、ホロベツアイヌは学校維持費は皆で何とかできる自信があったのではないだろうか。

考えさせられるのは、コタンの有力者であった喜蔵のキリスト教への入信である。

本来は民族文化・宗教の中心となって継承しなければならなかった立場であったはずなのにキリスト教がコタンに入って来て何カ月もたたないうちにキリスト教へ傾斜して行ったのは、急激、大量に入って来て一方的に振るまう日本人の圧力が旧来のアイヌ生活文化の基礎を揺さぶり、破壊される危機感を感じ、神の存在を説き、神へ許しを乞うバチラーの宗教は誠に新しく魅力的だったからだろう。後年は一族皆、受洗させている。

「カンナリキは自分の土地をアイヌ教会にプレゼントとして与えました。広さは一二〇〇坪」(一八八七年二月十六日レポート)とバチラーは本部に報告している。

「北門新報」では、「七十余歳にして性質正直にて、和人・同族(アイヌ)に勢力あり徳望極めて高く金成の言といえば首を傾けぬ者なし」(一八九七年)と書かれている。

その彼が全財産を日本人の手によって奪われた事件があったことが「北門新報[9]」に掲載されている。後年姪の金成マツがカンナリキ(喜蔵のアイヌ名)の事を次のように言う。

「カンナは再び、リキは上がるの意味で、又いらっしゃるとなって、ポンマツ(可愛い人)が何人かいて女性に持てた」と。なかなかの艶福家であったらしく、子どもは十人を越える。

晩年、死の年までコタンの人たちから担がれ卒寿近くでキリスト教アイヌ青年会の会長となり、さらに「幌別農事奨励会」五十余人の連名の土地払い下げの嘆願書提出の代表ともなっている。

一九一二年一月一日死亡。

「葬儀の時も菊の花が道いっぱいに飾られお寺まで続いていた」と末娘の知里ハナの談話が残っている。

葬儀がどこで行われたのかははっきりしない。明治のアイヌの雄であったことは確かである。

註

（1）　金成喜蔵《かんなりきぞう》（カンナリキ）一八二四年～一九一二年

「喜蔵は七十有余にして性質正直にて、和人、同族の両者の間に勢力あり、徳望極めて高く、金成の言《こと》とし言へば首を傾けぬ者なしとか、アイヌに稀《まれ》なる財産家にして、数多くの雇人さえ使役し、漁猟・耕作等に従事し、其住む家の如き同村の和人の家と比するも上等の部に入るべき程にて耶蘇教を信じて煙草一服、酒一滴も飲まず、所有地に耶蘇會堂を建てて其同族を訓化せり」明治三十年（一八九八）伊東正三（北門新報社主）の人物評。

（2）　人別調　明治四年　辛未　十月

幌別郡土人々別調

支配所膽振国緄別《ママ》群土人戸数并　人別調書上

一、土人戸数七拾四戸　緄別《ママ》住居

總人《ママ》別合　三百壱四人

男土人百五拾三人

内

女土人百六拾壱人

一、土人戸数　三戸　鷲別住居

總人《ママ》別合　拾人

男土人　六人

内

女土人　四人

右之通ニ御座候　以上

明治三年　　片倉小十郎

八月朔日

（3）　金成太郎《かんなりたろう》（一八六六年～一八九七年）

金成喜蔵の長男。明治十年五月室蘭常盤学校入学。（アイヌの子弟で初）。明治十五年札幌県師範学校速成科入学。同十六年、札幌県令調所広丈宛に「旧土人ノ教育ノ費ヲ賜ヒ学校ヲ創立セラレシ事ヲ請フノ書」の陳情文を出す。札幌区南四条西三丁目九番地石井方に寄宿。西二丁目の英語塾、戴星義塾にて学友九人とともに合宿して英語を学ぶ。明治十六年十二月十八日、「小学初等科教員免許候事」を受ける。十八年キリスト教の洗礼を受ける。故郷ホロベツに私塾を開く。十九年、アイヌ自立のための「北海道土人会社」「愛之教育義会」の発起人となり、上京し陳情活動を起こす。八月八日、アイヌ人骨収集に来た東京大学教授小金井良精と札幌豊平館にて合う。二十一年私塾相愛学校の開校届を届ける。九月相愛学校の校主の座を追われ校主は和人、西東勇吾となり校名も愛隣学校と変更される。この間に札幌治安裁判所からの呼び出しを受ける。明治政府の国会が開かれる時、貴・衆議院両議長に提出しようと請願書を起案して全アイヌに署名させて、アイヌ救済運動を展開しようとするが失敗に終わる。以後流浪し函館にて客死す。近代史の中のアイヌとし記憶しなければならない人物である。

（4）　モナシノウク（茂奈之）一八四八年～一九三一年

人別調ではカモエトラシの妻となっているが夫の死後、金成恵理雄の妻となり、金成マツ、知里ナミの母となる。ユカラの名人と言われ後のマツの筆録したものは母のモナシノウクの語ったものが多い。アイヌ神謡集の著者、知里幸恵の祖母である。

（5）　知里幸恵（一九〇三年～一九二二年）

ホロベツで知里高吉・ナミの長女として育つ。六歳の時、祖母モナシノウクと共に金成マツの勤める旭川近文のキリスト教聖公会伝道所で三人の生活を始める。小学校卒業後、旭川区立職業学校にて学ぶ。大正七年アイヌ言語学者、金田一京助と合い、自民族のユカラに強い関心を示し、大正九年にアイヌ語表記のノートを金田一へ送る。大十一年上京。金田一家に住み込み金田一の補助しながら「アイヌ神謡集」の原稿校正、九月十八日、突然の死亡。心臓病。死後約百年を経てもなお知里幸恵は日本人及びアイヌの多くの人々から親しまれている。なお登別市に「銀のしずく降る降る記念館」が日本中の多くの人の善意の寄付金によって建設されている。

（6）　金成マツ（一八七五年～一九六一年）

父、ハエリレ（恵理雄）とモナシノウク（茂奈之）の長女として生まれる。アイヌ名イメカヌ（マツ）。十五歳のとき怪我で生涯二本の杖と共にする。十八歳で受洗、洗礼名サロメ、二十二歳でバイブルウーマン（聖書指導員）として平取へ赴任。十二年後に旭川へ転任。モナシノウク、幸恵と三人の生活を始める。一九二六年、故郷の登別で妹ナミの地所に一軒の家を建てて生活を始める。一九二八年、金田一宅にてユカラのローマ字筆録を始める。以後、生涯を賭けて十八年間で大学ノート約二万ページを筆録した。日本語訳がなされているが現在なお継続されているのである。

(7) 知里真志保

一九〇九年、幌別村(現登別市)に生まれる。室蘭中、第一高等学校、東京帝国大学卒業、文学博士、北海道大学教授。「アイ語研究――樺太方言を中心として」「分類アイヌ語辞典」「アイヌ語入門」等、著書多数。アイヌ語学、アイヌ文化研究に多大な足跡を残した。一九六一年、心臓病で死亡。

(8) 「幌別郡内土人学校設立の義ニ付嘆願書」

一八八二年(明治十五)幌別各村戸長本沢直養を経て札幌県令に提出した嘆願書でその主意はアイヌの学校を作ることで維持費はアイヌで拠出する。教員金成太郎。その給料は札幌県で支給して欲しいとするものである。志家吉蔵・志家芝九郎・盤運治・知里磐治の連名で総代として金成喜蔵の名がある。嘆願文の中にも幌別小学校長の安田貞謹、片倉の斉藤良知とよく相談したものだとも書かれており、書体も非常に格式が高く、安田か斉藤良知が書いたものと思われる。この嘆願も通じなかったものである。

(9) 「北門新報」

一八九一年(明治二十四)四月に第一号が発行された。主筆は中江兆民、小樽で最初の新聞。体制側よりの「北海道毎日新聞」では民意を反映できずとして発刊されたもの。のちに伊東正三が主筆となり、体制批判の主張を貫く。「北海道毎日新聞」と対立する。伊東正三はペンネーム「山華」「豊厳」を使う。会津出身の札幌山華の屯田兵の子ども、俊秀、九歳で開拓使に雇われる。明治十八年、ホロベツアイヌ金成太郎と共に戴星義塾で英語を学ぶ。東京大学に入学するも中退。北鳴新聞を経て北門新報の主筆となる。一時、野口雨情、石川啄木も伊東の元に集まった。「黎明期の新聞界を疾走した会津士魂」とノンフィクションライター、川嶋康男に書かれたが、火のように燃え、真っ直ぐに走る男であったようである。新聞史上、異色のジャーナリストであったと言えよう。常に貧しかったようである。

[参考文献]『幌別におけるアイヌ学校設立申請書関係資料』(小川正人、市史ふるさと登別)

[3] 金成太郎の輪郭

北海道文化財保護協会会員の須田茂氏が二〇一八年五月三十一日、『近現代アイヌ文学史論』（寿郎社）を出版したが非常に画期的な本である。その中で幌別アイヌ金成太郎が論ぜられている。「金成太郎の位置」はアイヌ民族として初めて体系的な近代教育を受けた人物で、近代初期に同族への教育者として存在したことが後のアイヌの人々に影響を与えたと評価し、知里幸恵・バチラー八重子・金成マツたちの本格的文筆活動の端緒となったと述べている。

太郎については拙著『維新のアイヌ金成太郎』[1]（未知谷）の中で可能な限り集めた資料を基に書いたが太郎ほど新聞、雑誌、日記等に書かれた人はいない。中でも著名な二人の人間の日誌に書かれていることは看過できない。

一人は三吉笑吾[2]。徳島藩稲田家の人、静内郡に移住後、明治五年開拓史の役人となり、北海道庁で特に教育行政を担当。札幌師範学校初代校長を勤め北海道学校教育の礎を築いた人と言われている。官吏として出張するたびに紀行文を遺したが「雪泥餘痕《せつでいよこん》」として山田一孝解読によって刊行された。（おうふう、平成十六年六月二十八日）

分厚いその中に金成太郎のことが記されている。

◎明治十年八月二十四日　幌別アイヌ金成太郎が常盤学校に入学したと安田貞勤（常盤学校初代校長）から聞いた。

◎明治十四年三月二十九日　成績抜群の金成太郎を官費生として札幌師範学校に入学させ、吾が家に下宿させている。父、喜蔵の強い教育への情熱が今日の太郎の支えとなっている。

◎明治十五年十月　文部省への出張に当たり、太郎を随行させた。藤原三代の中尊寺を見学。宿で太郎に揮毫《きごう》(現代のサインに当たる)をさせたが、その立派な書体に自分が恥ずかしかった。仙台で奥州新聞社社員と宴会に太郎と共に出席した。師範学校・中・小学校を視察。
◎明治十五年十二月十九日　三里塚で農務省の種畜場を見学(当時の近代農業の試み)。
◎明治十七年十一月二十九日　幌別村の戸長と逢ったが太郎の事を「たかがアイヌではないか。後に役場の小使いにでも使ってやるか」と言うのを聞いて、物知らず。学識のない奴。呆れたと書いている。また、その夜、太郎が訪ねて来て、アイヌには農業をする土地がないと嘆いていたとも書いた。

　この三吉笑吾も太郎のアイヌ学校設立の陳情書を受けて、経済的に自立不可の状態では時期尚早の判断を下していた。

　さて、もう一人は東京帝国大学名誉教授、勲一等瑞宝章、正三位の医学者、人類学者で当代随一の男、小金井良精[3]である。明治二十一年から北海道各地のアイヌ墓地を暴いた。罪悪と知りつつ、こそこそと盗骨をした。その盗骨日誌は昭和十四年七月、雑誌「ドルメン」に「アイノ《ママ》の人類学的調査の思ひ出」として公表された。一六六体の頭蓋骨を盗み、日本人が梅毒の薬として脳髄を取る習慣があったと記した。その男が、明治二十一年七月十八日、札幌の豊平館(当時北海道随一のホテル)で道庁の役人と太郎とで宴を張ったと書いた。太郎がホロベツでは十歳未満の屍体を自分の家の床下に埋める習慣があると言ったとも記した。

三吉、小金井の著名な男が太郎の事を何故書いたのか。太郎の輪郭が見えて来そうな気がする。北海道を植民地化して二十年余、アイヌ民族の衰退から脱却すべく壮大な「アイノ教育会社」[(4)]の設立運動の先頭に立って行動するアイヌ青年金成太郎の姿を予測し得たのだろうか。

幌別役場の戸長が吐いたことばのようなアイヌへの認識とは全く異なったことだけは確かなようである。

註

(1)『維新のアイヌ金成太郎』(富樫利一、未知谷、二〇一〇年)

日記・新聞雑誌等の記事、書簡、公文書等、豊富な文献の引用で綴る。アイヌ青年三十年余の生涯!! 迷走する維新政策の中ひたすらに民族自立のための先駆者として叫び、苦闘した太郎の存在を放置していた百数十年の時の流れ……。歴史的資料となり得る価値ある評論!!(表紙のグラビアより)。

(2) 三吉笑吾

旧徳島藩、洲本城代家老稲田家の家臣。明治四年、日高国静内郡に一三〇戸、五四六人の家臣集団で入植(映画『北の零年』二〇〇五年)。明治七年北海道開拓使の官吏となる。明治十六年、北海道師範学校初代校長、明治二十年、北海道庁教育課長。教育制度が作られ、学校教育が義務化されて行く明治時代の北海道教育行政担当者の最初の人と言われる。明治十年から官吏として出張する旅に出るがその紀行文が「雪泥餘痕」として「(株)おうふう」から平成十六年六月二十八日に発行されたが、新しい事実が続々と日誌の中から発見された。特に幌別コタンのアイヌの青年金成太郎に関する記述は見逃すことができない。それまで明治期におけるアイヌの個人の記録は見当たらなかったがこの日誌によって新しい発見が多くあった。

(3) 小金井良精《よしきよ》

安政五年(一八五九)生まれ。解剖学者、人類学者。東京大学医学部教授(名誉教授)。近代日本医学界の第一人者と言われる人。勲一等瑞宝章、正三位。アイヌ人骨を集め(一六六体)、後に(一九三五年七月)雑誌「ドルメン」に「アイノ《ママ》の人類学的調査の思ひ出」とし発表したアイヌの墓を荒らしながらの人骨収集の様子を克明に発表したものである。現在も東大にアイヌ人骨があると言われていてが白老町に建設されたアイヌ人骨慰霊施設に移管されたと言われているが定かでない（二〇一九年十二月二六日現在）。

（4）「アイヌ教育会社」

「北海道のアイヌの教育をどうするか」の結論が出ないまま三県（函館・札幌・根室）が一つになって北海道庁となったが結論が出なかったため民間有志の者がその構想を打ち出す。一つは「愛之教育義会」、もう一つは「北海道土人会社」。共通の目的は、アイヌの教育と自立のための農業を習得することであり、資金を全国の有志から集め収益があがるようになったら返済するというものであった。資本金十万～十五万円（明治の建築物の一つ鹿鳴館の建築費が十五万円と言われる）を集めるという途方もない大きな構想であり、アイヌに土地を与えるという考えもまた、のちの旧土人保護法につながって行く。いずれの案の中にも金成太郎の名前が出て来てその会社の本社を幌別に置くというものである。しかし、この構想は実現しなかった。歴史に「もし……」は禁句だが、これが実現していたら北海道アイヌの生活は全く異なっていたろうアイヌが自立した社会となっていたことが充分考えられる。『維新のアイヌ』（未知谷、八二～八三頁）のアイヌ教育義会の項で「北海道史編纂に参加した教育家田中正己資料とあるが阿部正己が正しい。訂正して謹んでお詫びしたい。」

［参考文献］『維新のアイヌ　金成太郎』（富樫利一、未知谷）

［4］　新聞人伊東正三と金成太郎

ホロベツアイヌ金成太郎の死を悼んで伊東正三（山華、豊巌）は「北門新報」紙上に弔文を載せたが伊東は幌別まで足を伸ばし多くの人たち（日本人ともアイヌの人とも）と接触して取材をした。札幌から幌別まで馬で二日を要しての取材は特筆されなければならない。

伊東が主筆の「北門新報」は経済的に非常に苦しい時で経費の捻出は頭の痛い所だったろうが正義と情熱の男、新聞人として道庁、政府の権力相手に常々、堂々と論陣を張り、失政を糾弾し提言をした伊東にとって学友太郎の不審の死の口惜しさを癒やすためにはそれは問題外だったのだろう。太郎とは十代の頃、「戴星義塾」(後の北海道英語学校、北海高校の前身)で共に学んだ仲だった。八畳一間に九人の学友と寝食を共にし学んだ英語塾であった。向学心の強い若人たちの中で、「ボクは校長となってアイヌの学校教育に専心する」と語るアイヌの若者太郎の存在は強いものであったし、その夢を果たした相愛学校[1]を自分の目で確かめたかったからでもあった。

明治二十年に月刊誌「北海道」後に「北海道雄弁会」、さらに「北海道学友会」となった中で弁説と筆論が鍛えられたがアイヌ民族の未来を語った民族の希望の星、金成太郎の挫折と死は放置できない。やり場のないものであった。

現地取材では日本人は太郎の事を悪く言い、アイヌの特に若者は太郎を敬い慕う者が多いのに驚く。日本語をこなし漢籍に通じ英語に熟達し、才気溢れる情熱をもってアイヌ民族復興と自立を目指して行動する太郎はアイヌの中では、かつて見たこともない眩《まばゆ》い存在であったからだろう。その事は何よりも伊東を勇気づけたのだった。太郎の死を六カ月後に知った無念さを払うように取材に没頭する。

太郎の死後、幾日もたたないうちに父喜蔵が日本人の詐欺にあって全財産を失い、幼い子らと共に山奥に家に閉じこもってしまった事を知った。日本人と肩を並べ旅館、商店を経営し納税者としてトップの位置にいた喜蔵は巧妙に作られた抵当権の書類に印を押したが、それは全くの売り券であり字の読めないアイヌを騙す「ずるシヤモ」の詐欺の手段であった。

函館から舟でやって来たヤクザの一味によって丸裸にされてしまったのである。太郎亡き後は日本人は牙むく狼のようなものであり、しかも彼等は武士道を誇る片倉[2]家旧家臣団にかかわりのあった者たちであったのだ。

伊東は「北門新報」でそれを暴いて行く。

この事件は裁判となるが、大手新聞の「北海道毎日新聞」が相手側につく。負けるものかと伊東は堂々と「北海道旧土人論」、「土人保護とアイヌ論」の論稿を起こし、各地でアイヌを騙し、アイヌの土地や生活を奪って行く日本人のあまりの多さを悲嘆し、日本人の正義感に訴える。さらにアイヌの保護が急務であると、白仁武(旧土人保護法の考案者)に法律制定を促す。日本人にアイヌが恣《ほしい》ままにされることを怖れてのことであった。ホロベツでは教会の牧師、警察官がアイヌ側の味方をする。

金成太郎の死後、ホロベツはマスコミをも巻きこんで真っ二つの騒ぎになったのである。

伊東正三は札幌山鼻に屯田兵として入った父伊東左膳の三男で、幼児の頃から秀才、九歳で開拓使に入り、戴星義塾で太郎と共に学び仙台の第二高等学校を経て東京帝国大学に入るも中退、中江兆民に従いジャーナリストとなった。太郎の死後十年、伊東の元に、童謡「赤い靴」の作詞者野口雨情、極く短い日時ではあったが石川啄木も集まった。

ホロベツアイヌ金成太郎と伊東正三が深い友情で結ばれていたこと、さらに日本有数の文学者たちと伊東が縁があったことを知ると歴史の貴重な時の流れに私の心は疼くのである。

註

（1）　相愛学校

ジョンバチラーがキリスト教聖公館本部に当てた書簡（一八八七年十二月二十八日）と「北海道毎日新聞」（一八八七年十月二十日）によれば金成太郎の私塾はこの年にできあがっていたものと思われる。相愛学校の校名が明らかになるのは明治二十一年（一八八八年）四月二十日付の文書である。

開校届
兼テ　御許《ユルシ》ノ相成居候　幌別村百三番地
私立相愛学校　来ル廿五日開校仕候間　此御届仕候也
幌別郡幌別村百三拾四番地
平民　金成太郎
代　河田為助
明治二十一年四月二十日
北海道庁長官　岩村通俊　殿

（「ぶやら」登別郷土文化研究会）

（2）　片倉家旧家臣団

仙台支藩白石城主片倉小十郎主従は維新による藩解体により蝦夷地開拓に入った。支配地は幌別郡でそこに武士集団として移住した主従。

［参考文献］『明治・札幌の群像』（北海道出版企画センター）、『伊東山華』（執筆者川嶋康男）、「北門新報」（一八九七年七月七日〜八日）他、『維新のアイヌ　金成太郎』（富樫利一、未知谷）

[5]　書かれたことと語られたこと

一人の人間が生きた人生は二十年、三十年、八十年と、それぞれさまざまだが、明治初期から三十年余のホロベツアイヌ金成太郎ほど他者に書かれた人間はいないだろう。

日本帝国は先住民族であるアイヌを強引に日本人としたが、生活習慣・宗教・言語の全く異なる人たちと、どう共生するかは大問題であったはずだった。しかし、続々と渡道して来る旧武士集団、封建社会の崩壊により生活困難になった農民・商人・浮浪人たちとの新しい村づくりは」荒地を切り開く作業が当面の課題として立ちはだかった。だからアイヌ政策は二の次であり、一方的・強制的で自分たちの都合の良いように執行して行った。

さらにアイヌを同化するため、天皇を頂点とした国家体制の中の一人としてしまう「皇民化」を標榜《ひょうぼう》した。だからこのとき、アイヌであるとの主張は極めて不都合なことであったのである。

日本人小学校を卒業し、札幌師範学校に入学、教員免許状を取得し、アイヌ学校を作り、自ら校長となり、アイヌ語のローマ字化を実践し、教育と農業を中心に据え、土地を求め、日本各地から義援金十五万円も集めようとする「アイヌ教育会社」の構想。内閣顧問黒田清隆に協力要請する太郎。さらに帝国議会発足に向かってアイヌ全員の署名押印の請願書を持って運動を展開しようとした金成太郎は全アイヌのリーダーであり帝国と対峙する存在となっていた。

その彼がなぜか故郷を捨て各地を流浪する。

明治三十年一月二十日、函館で客死、路上での死とも言われ、誰一人見送る人もなかったようだ。河野常吉（北海道史の編集長。「室蘭史」等も執筆）は、北海道人名彙（録）に「（略）管内旧土人児童教育の任に当らしめんとせしが同人は更に野望を抱き、創成学校を辞し東京其他各地を奔走し終に不良の徒と化し衆人の擯斥（排斥）する所となる。後函館に在して没す」と記した。また、ホロベツの戸長日野愛憙は「片倉家北海道移住顛末」の中で「札幌師範ニ入学セシメ、又卒業スルモ事故アリ他方ニ寄寓シ郡ニ帰ラスシテ没ス」と記したのである。

さらに「金成太郎の霊に代わりて豊厳くんに与ふ」（函館新聞、明治三十年四月二十一日）によって太郎の死を知った伊東正三（豊厳）は「金成太郎遂に逝けるか」の追悼文を「北門新報」に書く。続・続々・再話と書き続ける。一人の人間の死がこれ程までに新聞紙全面を使って書かれたのを私は知らない。つまりこれ程他者に書かれた男、金成太郎はアイヌの故であったからか。しかし北海道史、登別の郷土史の中でもその存在は薄い。さらりと触れている程度であり、その活動の記録は無いと言ってよい。

同族のバチラー八重子[2]はノートに（一九三七年三月八日）に金成喜蔵・太郎親子を尊敬の念をこめて「大カンナリ」「小カンナリ」と記している。

重要なことは金成一族では「太郎は毒殺されたのだと語られている」というのである。

昭和五十九年登別市役所の市史編纂室内で編纂副委員長の前川敏雄（ホロベツ生まれの和人）が

『知里ハナ(太郎の末妹、明治三十三年生まれ)が語っているのを聞いた、と私と専門委員の松木覚に語った事実である。
　文字を持たないアイヌ民族の語り伝えは非常に大きい意味を持っている。事実とすれば誰が、何故と疑いが強くなる。しかし不明のまま今日に至っている。三十年余の太郎の人生は波瀾万丈であった。アイヌとして政府と対峙し、実のならぬまま異郷の地函館でその命を果てた。人には書かれたものを信じ、語られたこの事を風評という世の中なのである。

註

(1)　片倉家北海道移住顛末
片倉家元家老、幌別郡の五代目戸長日野愛憙が記したもの「明治二年以降片倉家北海道移住顛末」で文字通り集団入植した片倉家の事跡を記したもの。隣村の伊達邦成が男爵を授与されたのに対し、片倉が音沙汰無しであったことから猛然と授爵運動を起こすが、片倉家の功績を記した陳情書の一つである。明治二十五年から草を起こし、男爵として貴族に列されることに決まったのは明治三十一年七月二十日のことであった。この顛末書の中の教育の部に金成太郎のことが記されている。

(2)　バチラー八重子(一八八四年～一九六二年)
伊達市向井家にて誕生。キリスト教伝道師。本名向井八重子、アイヌ名フチ、七歳にて洗礼を受ける。一九〇六年、バチラーの養女となる。十五歳のときからアイヌガールズホーム(バチラーの作った施設)、一九二四年からホロベツ(現登別市)の教会に勤め、布教活動と共にアイヌ婦人への新生活運動を進めた。また、アイヌ化の復興を意図しながら日本伝統文化の短歌の制作も試み、アイヌ語の混じった、短歌なども作った。後に歌人佐佐木信綱、アイヌ言語学者金田一京助の手によって『若きウタリに』が出版された。晩年は有珠の教会を護り貧窮の生活の中で神を説き「コタンのマリア」と呼ばれた。戦争中、強制労働の重圧から逃亡して来た韓国人宋氏を匿った縁で京都の宋氏星氏の家族、韓国人多数の参列する中で天国へ旅立った。七十八歳。宋氏は八重子を「おかあさん」と呼んでいたと言う。

［6］ アイヌの殉教者良武太《ロムタ》

ホロベツアイヌの中で最初にキリスト教の洗礼を受けたのは金成太郎と言われている。この時、バチラーは宣教師の資格を持っていなかったので函館まで出向いてアンデレス司祭[1]の手によって洗礼を受けた。バチラーが最初に洗礼を行ったのは盤木良武太である。太郎より四歳年下であった。洗礼名をペテロと授けられた。ペテロはキリストの十二人の使徒の筆頭でキリスト昇天後、伝道に尽くす。後、悪名高きローマ皇帝ネロに殺害され殉教した。殉教とは自分の信ずる宗教のために身命を犠牲にすることである。

バチラーは布教のため、アイヌの中から伝道の助手を作ることを急務としたが期待した太郎は信仰よりも民族自立のための学校作りやアイヌ土人会社を創設するための運動に走り出していた。そこで太郎が作った相愛学校でローマ字を習得し誠実にキリスト教を信じた利発なアイヌの若者、盤木良武太を助手としたのである。一八八九年（明二十二年）九月十五日、立会人金成太郎、バチラーによる受洗、十九歳、父、盤木登里蔵である。洗礼名ペテロ。

一九九三年十一月十日の聖公会本部（イギリス）宛てにバチラーは次のような書簡を送っている。

「パンギ、ペテロス（盤木良武太）＝もっぱら私どもの手で教育された＝は計り知れないほど優れた助手であり私の右腕である。

最良の助手を得たバチラーは勢いを得たように布教の足を伸ばす。伊達の有珠、平取、白糠、釧路、札幌にまで及んだ。

また、愛隣学校発足のとき芥川清五郎[2]という実直な日本人を日本語の教師としたが、彼のことを次のように書簡で報告している。

「ペテロともう一人の助手とともに私は午前五時から午後十一時まで、会衆に説教をし、私がアイヌ語で用意した教理問答を少しばかり教えることに従事した（略）ピラトリには一三九人の洗礼を受けたクリスチャンがいる」。「芥川師、大谷師ら日本人伝道者、沙流地域で忙しく働いている」と。芥川とペテロのコンビによって伝道していることがわかる。芥川も又、「吾が来歴（中村一枝氏調書）」（日記）を残している。

ペテロがローマ字を教え、芥川が日本語の読み書きを教える構図で、文字どおり朝から晩までの伝道活動であったようである。

私は考えるのだが、釧路、白糠、平取まで、バチラーは馬を使ったが随行の者は徒歩である。靴はどんなものだったのか。途中の食事はどうしたのか、野原に寝る事もあったろう。米は絶対不足だから何を食べたのか、栄養価のあるものを口にすることが可能だったのか。

現在、釧路、室蘭間の高速道で三八四キロ。当時は山また山、谷、橋なき川を渡る。道なき道をただ信ずる信仰のために一歩、一歩を進めたのだろう。容赦ない肉体の疲労。旅は死を覚悟する程苛烈《かれつ》なものであった。さらに伊達有珠では教会建設のため巨石の処理の重労働、夜にはキクトク

（菊田徳治）の家でのローマ字教育と聖書の学習。身体に食いこんだ病魔は次第に良武太を苛《さいな》んだ。

一八九五年十一月二十九日付のＣＭＳ書簡にバチラーは「……彼は十一月九日夜八時。ここ札幌で永遠の眠りについた。死因は肺結核……」と記した。

良武太二十五歳の死、ひたすら神への伝道のために吾が身を捧げたのである。ホロベツには波という妻がいた。一人娘のハツヨは生後一カ月で死亡、良武太が死んで後、もう一人の子を産んだがこれもまた直ぐ死亡。波もまた、若くして命を落としたと言われている。

純粋無垢のアイヌの伝道者と妻や子たちの死を単なる死と片づけることは容易だろうが、百年余後の今日、私が彼を殉教者だと書くことは許されることだと思っているのである。

註

（1）アンデレス司祭（一八五四年〜一九三二年）

ウォルター・アンデレス、英国人、キリスト教聖公会北海道地方部の司教として布教当初の北海道で多くの日本人宣教師を育てた。

（2）芥川清五郎

一八五六年（安政三年）、会津藩、現在の喜多方市に生まれ、維新で賊としての苦難を味わう。一八七八年にキリスト教の洗礼を受け、一八八二年（明治二十五年）二十七歳で函館に上陸。一八八六年函館の小学校教員となる。函館聖公会の小川淳伝道師に逢い、幌別愛隣学校の教師となる。バチラーの助手、バンキ・ペテロスと共にアイヌの子弟の教育に当たる。ペテロがアイヌ語、ローマ字指導、芥川は日本語、そろばんを指導し、バチラーからの絶対の信頼を得た。伊達市有珠のキクトク（菊田徳治）の部屋の一部を借りて有珠アイヌの教育にも当たり、その指導の足は、平取、釧路までも伸びた。病弱にもかかわらず、有珠教会の建築に当たっては重労働にも従事した。会津なまり（会津弁）を克服しながら生涯をキリスト教の布教に捧げた。

［7］ 語り人、モナシノウク

二十年も前のこと、釧路アイヌ文化懇話会（札幌在住）の中村一枝[1]さんが「金成マツさんの母親茂奈之《モナシノ》は語り人だったのでしょう。教会資料ではシケの姓のようだけど、何度も結婚しているようなのね。魅力的な女性だったようよ、調べてみては……」と私を促したのが切っ掛けで始めたのだがこの偉大な語り人の周辺は茫洋《ぼうよう》としていて見当がつかず、苦心惨憺《くしんさんたん》の割には何とも確信のないものとなったが、金成マツや知里幸恵のユカラの源はモナシノウクの語りであると知った以上、近づける所まで近づいてみようと思った。

まず、モナシノウクと言う名前である。アイヌの人の名は生まれて四、五歳になってから、その子の性格や特徴となる点を強調してつけたものらしい。モ（静かだ）ナ（もっと）シノ（本当）と分解した。根拠もなく私流の解釈であるが「本当に静かな人」と解し、おおよそその性格をつかんでみた。「幌別郡土人人別調」（明治四年）にはカモエトラシの妻モナシノ（二十三歳）」と記載されている。嘉永元年（一八四八年）に生まれたようである。兄の名がハウンテ（盤運治）でハウは声の意味で雄弁であったからか。ユカラを語る人だったのか。コタンの役職についている。二度目の夫となったハウエリエ（金成恵理雄）も声が高くユカラの上手な人であったというが、明治十九年に死亡していて、金成マツと知里ナミの父親である。ホロベツアイヌの中にはユカラを語る人がいっぱいいたと後に知里真志保も言っているが、語る、声に関係した名の人が人別調から七人も探すことができた。

金田一京助(2)が旭川の金成マツの家を訪ねたのはジョンバチラーにユカラの名人モナシノウクにぜひ逢うように勧められたからだ。「モナシノは最大の叙事詩人」と賞めたが「葉がくれの花」の中で「モナシノウクは淋しかった。なぜというと夫のカンナリがこの浜つづきの第一の豪族の当主でありながら……」と夫恵理雄のことを喜蔵とまちがえて書き残すエラーをしてしまっている。モナシノウクとも書いているが人々はモナシノをそう呼んでいたのかも知れない。

知里幸恵はモナシノウクの語った十三編のユカラをローマ字化し日本語訳を加えて「銀のしずく」を書いた。東京の生活の中で詩も書いたが「語りつたへたフチ（お婆ちゃん）の声」の中でホロベツのヲカチペ（岡志別川）の流れに思いを馳せ「永遠につきせぬ生の限りをつくして、絶えず絶えず同じあゆみに進みゆく……」と祖母モナシノウクの唄うユカラの声を偲んでいる。岡志別川のほとりに伯母のマツとモナシノウクと三人での生活が余程忘れ得ぬ強いものがあったのだろう。就学以前の幸恵はユカラの語り人たちとの生活の中で育っていたのである。

昭和三十三年十一月の新聞「北海タイムス」にマツは「巫者の役目と吉凶を占う人、アイヌの祖先は文字を持っていませんでしたが生活に必要なたくさんの知識を持っていました。私の母が輝く星を見て天災をぴたりと予告したのを今でも忘れません」と語っているが、まさしくトウスクル（巫術者《ふじゅつしゃ》）でもあったのだ。

一八九三年（明治二十六年）四月二十三日、洗礼を受けたが、志家の姓であり、マツとナミも志家である。一九〇八年に夫が死ぬ。幌別では相次ぐ天候の不順と疫病の流行、日露戦争による超インフレ。アイヌは貧窮のどん底に落ちる。口減らしのためだったろうか、マツが赴任した旭川近文講義所で幸恵とのモナシノウクの三人の生活が始まる。

幸恵は成長後上京、金田一宅で死ぬ。モナシノウクはそれを知って腑抜けにようになったという。一九三一年、八十三歳で死ぬ。アイヌ民族の希望の星であった金成太郎の教員免許状はモナシノウクの娘知里ナミの手によって大切に保管されていた。何故なのか、考えさせられるのである。

註

（1）中村一枝

一九三一年（昭和六年）釧路市生まれ。北海道学芸大学二類修了、日本大学文学部卒業、釧路市役所勤務、釧路市立共栄中学教諭、釧路短期大学附属高等学校講師。著書に『永久保秀二郎の研究』『永久保秀二郎の「アイヌ語雑録をひもとく」』（寿郎社）がある。釧路地方のアイヌの動向を「春採学校」を通して聖公会との関連の中での研究は異色である。クリスチャンである。北海道におけるキリスト教とアイヌ民族の関係を追求した第一人者。春採学校の校長としてアイヌ民族から直接学んだ永久保のアイヌ語研究を整理して刊行したが未確定であったアイヌ語釧路地方方言の研究に大きな功績を残した。（二〇一九年に死亡していたと知った。冥福を祈る。）

（2）金田一京助

明治十五年岩手県生まれ。九十六年の生涯を送った。石川啄木と同窓で親友であり生涯彼の経済的な援助をした。東京大学卒業。言語学者。アイヌ文学の研究、ユーカラの蒐集、まさに第一人者である。「ユーカラの語法、特にその動詞について」の論文提出等、アイヌ語によって学位を得た。国語学者上田万年の門下生として、「国語学」を確立するためにアイヌ語研究を志したと言われている。彼がアイヌ文学（語り）の古語、古謡と言われユーカラに集中したのも日本語研究のためだとも言われている。ユーカラの採録のため訪れた旭川での知里幸恵との出会い。ローマ字によるユーカラの表記・日本訳の不朽の名作『アイヌ神謡集』の出版に精力的にかかわって行く。さらにアイヌの古老や、女性を東京の自宅に招いての直接聞き取りを続けてアイヌ語、アイヌ文学の日本語訳を続けた。「彼のアイヌ文学に対する視線は憐憫と同情に満ちている」と述べる（藤女子大学文学部教授丸山隆司）。金田一京助に接したアイヌの一人はひざまついたと言われるほど、アイヌに対しては優しい声で接して行ったから、当時の多くの日本人が無視と差別の悪意に満ちた接触に馴れていたアイヌにとって彼の存在は神のようなものであったろう。

［参考文献］「幌別郡土人人別調」

［8］バチラーとその使徒たち

「アイヌの父」と呼ばれたイギリス人ジョン・バチラーの足跡は近代日本、明治時代からのアイヌ民族へのキリスト教の伝道活動による民族自立の意識を促したことで重要な意味を持っている。

一八七三年（明治六年）キリシタン宗禁制の高札が撤去されたが長い間邪教と信じた日本人社会の迫害はまだ続いていた。そんな日本にキリスト教伝道のため渡来して来た人たちの使命感の強さは驚きの他はない。まさにジョン・バチラーもそのうちの一人である。

一八五四年にイギリスで生まれ、一八七七年に函館に上陸、キリスト教聖公会所属のデニングに教えを受け、生涯をアイヌ民族への伝道の道を決意した。以来六十二年間はアイヌのために尽くした歳月であった。キリスト教伝道者、社会事業家、アイヌ語辞典や地名解の学者として、勲三等瑞宝章、大英帝国勲章をうけたことによってそのことは証明される。

その彼がホロベツ（登別市）でのアイヌとのかかわりの中で伝道の自信を高めるに至ったことは歴

史の中で見逃すことができない。平取のアイヌ、ペンリウク首長から数々の教えを受けたが、一八八五年(明治十八年)にホロベツを訪問して、金成太郎に接触できたことは天の啓示でもあった。日本語、漢籍(公文書はこれに準じた)、英語に通じた若きアイヌの秀才との聖書、讃美歌のアイヌ語翻訳の共同作業の中から有能な者と情熱家を使徒とすることが伝道の役に立つことを確信したようである。

金成太郎はホロベツでは最高のインテリであり、当時の北海道の有識者たちから一目おかれている存在であった。太郎を信者としたことでキリスト教の洗礼を受ける者が続出して行く(受洗者は日本人社会でも広まる)。

なかでも足の悪いパンジーは声が良く歌も上手で、バチラーの妻エルザがイギリスから持参したオルガンを弾くようになり、イギリスの民謡の曲を付して皆の前で唱った。みるみるうちにアイヌ語の讃美歌は広がり、ホロベツコタンでは聖歌の合唱の声が響き渡ったのであろう。

パンジーはおそらく盤運治・ハウンテ(ユカラの名人と言われたモナシノウクの兄)の息子ではなかったかと思われる。明治四年の人別帳にハウンテの倅二歳とあってそのとき、まだ名前がない。ハウは声を表すことから雄弁家でありユカラのできる家系であったかと思われるのである。彼は聖歌隊の隊長を命ぜられて活躍したが二十歳で死ぬ。埋葬のとき、松葉杖を墓に納めたことをバチラーは書き残している。

もう一人はバチラーの手による最初の受洗者、バンキである。この人は戸籍名もはっきりしている。盤木良武太で洗礼名ペテロの名を受けた。ペテロはキリストの使徒の名である。四歳年上の太郎が創設した相愛学校で、ローマ字を習得し熱烈なキリスト教信者となっていく。バチラーは「計り知れない程の優れた助手で、私の右腕である」と絶讃して本部に報告している。ペテロは有珠・幌別・白糠・沙流で伝道をするが一八九五年、札幌で結核のため死亡。バチラーはその死の様子を本部に報告している。

パンジー、バンギ二人の生涯は短かったが民族のことばで語り、唱われる讃美歌と聖書はストレートに人々の心に伝わる。一九〇三年（明治三十六年）には全道のアイヌのキリスト教徒の数は一一五七名に及んだという（中村一枝氏調査）。

そしてそれは、人間は平等であると、自覚と自立の念を掻き立てていった。

しかし、パンジーとバンギの妻も、幼子も早世したようである。名もなき二人の若者はまぎれもない神の使徒であったことがわかるが彼たちの一族、盤・盤木の子孫が現存しているかどうか私は知ることができずにいる。

［参考文献］　『わが人生の軌跡』（仁多見厳・飯田洋右訳編、北海道企画センター）
『維新のアイヌ　金成太郎』（富樫利一、未知谷）

［9］ 三人のローマ字講師

釧路の春採《ハルトリ》学校の校長「永久保秀二郎の研究」[1]（釧路叢書）を書いた中村一枝氏（故人）は昭和六年生まれ、釧路アイヌ文化懇話会、札幌女性史研究に籍を置いた。釧路時代に永久保秀二郎の研究に取りかかり、釧路地方のアイヌ文化・アイヌ語の収録、キリスト教聖公会とアイヌの関係等の研究成果を次々と発表していたがその集大成として「永久保秀二郎のアイヌ語雑録をひもとく」を寿郎社から出版している。「自分の学習成果を世間に見せるだけ」と誠に謙虚である。

春採学校はジョン・バチラーの肝いりでルーシー・ペイン女史の熱意によってできたものと言ってよく校長永久保の背後には聖公会があった。日本語の学習と、アイヌ語による聖書、賛美歌が唱われるキリスト教の精神教育が主であった。明治二十四年一月十二日、十七名の生徒によって開校したのである。

永久保はこの開校時から日記を綴ったのだが、それは大正十三年までの記録である。中村氏は綿密に一つひとつ事実を積み重ねて行ったがキリスト教聖公会とバチラー、金成太郎の関係を無視することはできず、幌別にもにぎり飯を持参で訪れたし、その縁で「銀のしずく記念館」で講演を行っている。ヨーロッパ、東北、平取等、研究のためにはどこまでも動きまわるし、彼女自身がキリスト教徒でもあるので私も多くの資料の提供をいただき教えも受けた。

永久保は会津藩士であり朝敵の名を受けての身で北海道に渡り函館湯ノ川で教師をしていたが最果ての地、釧路でのアイヌ教育にかかわろうと決意したのは会津武士としての意地でもあった。函館から船で六日の海路はまさに死線をさ迷うほど苛烈であったと言う。

また、ある時期まで経済的援助をしたペインは「北海義塾」で英語の教育を行いながら伝道をすすめ、午後からの時間は聖書を教えたのである。アイヌの子どもたちを多く入校させるため永久保はアイヌの家一戸、一戸を訪れ説得した。入浴、食事、生活全般にわたってアイヌにかかわって行ったからどんどんと子どもたちも集まって来る。その中には後年、アイヌ復興のために北海道アイヌの先頭に立ち、自ら激しく行動し、幌別のアイヌ墓地破壊の問題の時には現地に泊まり込み、運動の先頭に立った結城庄司の父庄太郎も生徒となって行く。

ペインはアイヌ語による聖書教育が最良であるとローマ字によるアイヌ語で聖書を読み、賛美歌を学ばせることを決意し、函館の谷地頭にできた「愛隣学校」の校長ネトルシップに講師(アイヌであることを条件)の派遣を依頼したのである。その要請に応じ多くの若者たちが釧路までの気の遠くなる程の旅を決意する。

永久保日記によると、「シンヌレッキ・トノレッキ・トウベの三人の名前が記されている。いずれも明治二十七年から二十九年にかけてのものである。この三人は幌別から函館の愛隣学校へ入校していた志家・有古・遠飛の家の者たちであったと思われる。

金成太郎の創設した相愛学校は愛隣学校と校名は変更したがそこで学んだ自分たちの母語をロー

マ字で書くことの必要性を深く自覚した者たちの民族自立への第一歩であったのである。だからキリスト教への入信と同時に学校で学ぶことの重要性を認識して函館まで行っての学びであったのだ。その力を示すべく彼らは釧路まで出向き釧路地方のアイヌの人たちへ母語であるアイヌ語ローマ字学習に取り組んだのである。

私は永久保日誌によってそれを知ったとき、歴史の上で無視され、記録もされず、記憶になかったアイヌの足跡が復活されることの喜びを強く感じた、と同時に記録し永久保を教示していただいた中村一枝氏へ頭を垂れたのである。

註

（1） 永久保秀二郎（一八四九年〜一九二四年）

磐城国刈田郡宮村にて出生。明治十七年（一八八四年）北海道上湯川小学校勤務後、同二十四年、釧路春採《ハルトリ》学校校長となる。その間逝去に至るまで春採のアイヌ民族へ温かい心を寄せ、教育者として、また春採の人たちの生活上の相談役として親身の世話をした。彼の日々を記したのかいわゆる「永久保日誌」（一八九一年〜一九二四年の三十三年間）である。よく詩歌を愛し「春湖」の号を持つ。春採のアイヌの人たちにとってはまさに師であり、父の如き存在であった。彼の日誌は郷土の歴史とアイヌ教育の実践であり、アイヌ研究にとっては貴重な遺産と言える。「永久保秀二郎の研究」（中村一枝『永久保秀二郎の「アイヌ語雑録」をひもとく』（寿郎社）がある。永久保秀二郎が採録した釧路地方（春採）のアイヌ語をアイウエヲ順に整理したものである。

［参考文献］『永久保秀二郎の研究』（中村一枝著、釧路市発行）

〔10〕 人間知里幸恵・愛

登別市立図書館で「アイヌ文化講座」として、「知里幸恵・その愛」で学習会が持たれた。

幸恵の戸籍上の誕生日が六月八日で洗礼日が明治三十六年四月二十六日、母ナミが幸恵の誕生時は同年一月十五日と認識していたと伝えられるところから母の言い分が本当だろう。幸恵の日誌の六月八日に、自分の誕生についてひとつも触れられていない。

明治の頃のアイヌの戸籍は一方的に作られたものであり、アイヌの人の記憶や、新暦に変わったことなどの混同により不正確なものが多い。また、婚姻による入籍も不正確であり、母ナミの入籍も幸恵誕生の後である。幸恵は祖父、波江登の養女となっている時期もあるのである。藤本英夫は幸恵の誕生日も晩年聖公会の教籍簿から知ったと書いた。

また、北大名誉教授小野有五氏は「知里幸恵百年」の中で「シマフクロウやヒグマたちの象徴する自然を神として畏れ、自然と共存するアイヌ（人間）の生き方……」を幸恵が教えてくれたと書き、明治以来の名文、五指に入ると誉めたし、国文学者の斉藤孝氏も「声に出して読みたい日本語」として『銀の滴く降る降るまわりに』をあげた。

幸恵の最期を看取った金田一京助は「素直な魂を護《まも》って清い涙ぐましい祈りの生活、アイヌ種族の存在を永遠に記念する為《た》め、一管の筆に傳《つた》へ残そうと決心した知里幸恵女」と「女学世界」に書いたがいずれもアイヌ民族幸恵を他者としての認識である。そこには、日本帝国の首都東京、金田一宅での死は悲運であり偶然だったと肯定的であり、何故、呼び出され、その才能をすりへらし、心臓病を悪化させ死の呼び水となったことかと論じてはいない。むしろその議論は避けようとする。

十九歳のアイヌ天才少女の文学追求の過程での死を哀れむ。また、クリスチャンであり、美しい日本語を駆使し、独創的なアイヌ語表記の発見者として誉める。誕生から百年の時を過ぎると人間知里幸恵の悲劇性・純粋性・自然主義者又天才少女として崇めるファンや、文学者、学者、多くの協力者の善意によって一つの建造物の中に幸恵を閉じこめてしまった。

その中では幸恵への讃辞が静かに飛び交い、アイヌ文化の理解者、同調者がその響きの中で納得し幸恵との一体感を味わう。そのとき、アイヌ民族の苦難の歴史・生命と引き換えに上京した決意、その裏にある、恋人、肉親の苦渋・売春婦として売られた友人の死。狂わんばかりに泣く幸恵。アイヌは呪われていると金田一に言われながらそれを肯定せざるを得ず泣き崩れる幸恵。私は涙を知ってると書きながらの「アイヌ宣言」等、また「やもりが白い葉裏を出てみにくい骸《なきがら》を残すようにほろびて行きます」と自分の最期を見透かしたような詩句などの珠玉の遺言に立ち向かっているのだろうかと心配になる。

私は室蘭民報に百枚を超える幸恵に関する文を載せてきたし、一冊の本も出版したが、アイヌ文化が華やかに喧伝される昨今、再度、幸恵が灯した火を確認し、人間知里幸恵の愛を語ったつもりである。

両親への謝罪とも思える慕情、弟やアイヌ同朋への思いやり、故郷登別のオカシベツへの望郷の念。「おお、私は愛します。ただ貴方を愛します。身も魂も打ちこんで」との恋人への想い、母になれない女としての宣言を受けたときの悶えの手紙、そしてアイヌ民話の文字表記を決意し生涯の自分の仕事とすることを両親に手紙で誓った直後の死。

人間幸恵の赤裸々な姿を語り、学び合うことが私の責務のような気がしてならないのである。いつしか幸恵が神として祭りあげるのではないかと心を痛めるからである。

〔11〕 知里幸恵・真志保の故郷観

「魂の故郷＝本当のアイヌ文化を残したい」のタイトルで中学生の道徳教材が北海道の道徳教育推進会議で作られ道徳の授業は中学校の現場で展開しているようである。

知里姉弟にとって魂の故郷とは何だろうかの問いに答えるのは非常に難しい。「心の故郷」とは裏失している故郷を心の中で思う事だが現実には故郷だった大地は存在し、血族の者も現存する。幸恵が東京で十九歳の命を落とすが、その手記、A様宛の手紙では「(私たちアイヌも)強い父母・伯母の強い愛情で育てられました」、と日本人と変わらない事を述べているし、また、肉親への手紙では非常に切羽つまった事があったらしくアイヌの本音(アイヌ語)が二十個も連ねているものもある。東京の空から「おお愛する同胞よ、愛するアイヌよ!!!」と痛切に呼びかけてもいる。日誌帖の「この東京のやもりと同じく、アイヌは醜い骸《から》を残すようにほろびて行きます」の表現は虐げられるアイヌの現状を自虐的に表現したものだ。呪いの言葉さえ残っている。死の直前の手紙には望郷の念が強く高まって「おひざもとへ帰ります一生を登別でくらしたいと存じます」。自分の帰る所は生まれたところ、登別市かないのだ。切実に述べているのである。

アイヌ神謡集序文の前半に故郷の描写は自然そのままの姿の故郷であり幸恵が生存した十九年は後半の同化されて行く故郷の描写である。しかしアイヌの世界が消えて行きそうな現実の故郷でも最後には帰ってアイヌとしてアイヌ民話を書こうと決意したのであった。

弟、真志保の生涯も一口に言えば和人との闘いであったように思う。

「何故自分がアイヌ語を学ばねばならないのか。そうさせたのは誰なのか」の自分への問いは胸のうち。アイヌ語ユカラの権威者は日本人金田一京助、その後を追わなければならない矛盾。自分は大学教授になったが依然としてアイヌ同朋の生活苦、希望もないままどん底から這い上がってこれない。日本人たちのアイヌを見る目もまた侮辱と差別に満ちている。そんな中でアイヌ学者、研究者たちは当然のようにアイヌ文化に首を突っ込んで来る。あたかも権威者のように。

真志保の学友杉浦明平は「知里は北海道をアイヌに返還してくれという願望を持っていたのではないか」と心情を察している。北海道はそもそもアイヌのものなのだとの真志保の本音への理解だろう。また、北大教授時代の同僚武田泰淳は「アイヌの生んだ天才」の中で「アイヌ民族はいかに圧迫されて来たか、北海道独立論、アイヌの土地はアイヌに返せ」と真志保の鋭いことばを残している。それは明治初期にアイヌ独立を唱えた金成太郎の姿と重なるが真志保は公の場で決して口に出来るものでなかった。日本人の世話で大学生活を送り、女学校の教師、大学教授としての現実の生活は日本国家による経済的支援であった。彼の知力、学識の代価としての報酬であった。

同族には「ほんとうの日本であるアイヌ語を勉強する」と言っているがこの大地に先住していたのはアイヌなのだ。後から来た者たちが大きな強い力で大地を奪った現状をアイヌに話していたのだ。しかし、晩年には「アイヌは迫害されるもの……」と弱音も吐いている。

彼の生涯の中での膨大な論文は非常に広範囲なもので直接アイヌから話を聞き証拠として残したものが多い。アイヌでありながら日本人社会での大学教授の地位で生き、アイヌ研究をしなければならない屈折した心境には第三者が入る事を許さない壁があるのだ。「アイヌである俺がアイヌを研究したのだ!!」と気概を強く感ずる。

もっともらしく真志保の郷土愛などと心の内に触れることに私は強いためらいを持つのである。中学生を相手にしかも、心情に訴える道徳の授業がどんなふうに展開されるのか、ちょっと怖い感じがするのである。非常に手強いものを教材としたものだと思う。

〔12〕 チヤランケ

草風舘は一九九七年七月一日、結城庄司遺稿『チヤランケ』を発行した。「チヤランケ」は「論争する」の意味で、「難癖《なんくせ》をつけて償《つぐな》いの品を巻きあげる」の意味とはちがう、悪い意味ではないとアイヌ語言語学者の中川裕氏はアイヌ語辞典の中で述べている。

アイヌ新法が「法律で先住民族と位置づけ差別や権利侵害を禁ずる」と成立したが、ポクナモシリで永遠の世界を生きている結城庄司はどんな思いでいるだろうか。アイヌ民族解放運動の先駆者と言われた結城は一九七二年に「アイヌ解放同盟」を創設し激しい行動に出る。アイヌ民族文化が否定され、権利の主張が暴力的な国家権力に支配されてきた事実を新聞、雑誌等を通して強く訴えた。それは彼の独学による知識に裏づけされている非常に理論的であり北海道開拓百年の歴史の中でのアイヌ無視の差別社会では日本人の度肝《どぎも》を抜く程のショックであった。さらに彼が起こす実力行使はアイヌにはそんな抵抗力など完全に失っていると思っていた日本人、日本社会に強い衝撃を与えた。

シャクシャイン像の北海道知事の名板を削り取り、人類学会民族学会連合大会の弾劾行動。一九七七年七月の「北大のアイヌ差別講義問題」は林教授の民族差別講義に端を発し、北海道警察の機動隊出動。三人の学生が逮捕された事に対する北大構内でのテントを張ってのハンガーストライキによる抗議行動であり、結城の命がけの実力行使であった。おりしも日本中で過激派と称するテロ集団の爆弾騒動があり死傷者が続出した。北海道庁の爆破事件（一九七六年）では結城を始め、解放同盟の者も容疑者として道警に連行されたが結城は「無差別テロ」と厳しく非難し過激派集団とは異なると一線を画した。だが多くの日本人もアイヌ民族の一部の者も彼を過激派であり、過激思想の持ち主であると誤解したことは否定できない。彼の主張が一貫しているのはアイヌモシリは明治政府の全面侵略、全領土支配を目論んだ大量の移民政策により、先住民族であるアイヌを抑圧した事であり、そこからの「アイヌ解放」を目指すことであった。アイヌの抑圧はアイヌ民族文化の否定であり、アイヌ民族の領土的独立の否定であるとの強い主張であった。一九七〇年代、コタンは崩壊し始め、故郷を捨て、多くのアイヌは日本全国に散って行った。先住民族としてのアイヌは民族としての土地を失った。アイヌとして生きる事は不可能な状態となってしまったのである。そんな中でもアイヌ同朋の力の結集の必要性を説き、行動すべきことを身体を張って示した。

一九七八年には登別のアイヌ共同墓地破壊事件の地元アイヌの抗議行動の応援のため現地に乗り込み、何日間も泊まりこみで抗議行動の先頭に立った。一緒にこの運動に参加した婦人は「女、子ども、弱い者にはとても優しい人でした。とても静かな人で、どこにあの激しいエネルギーがあるのかと思われる人でした」と語っていた。「集まろう、語ろう、行動しよう」が結城の解放運動のモットーであったと言う。

札幌での新しい鮭を迎えるカムイノミには全道から多くのアイヌが集まり儀式を通しての連帯を確認し合った。「こうしてはいられない」との機運はアイヌウタリにじわじわと広がって行く。各地の有志が集まり民族運動についての話し合いが持たれるようになり、やがてそれが抗議行動として展開して行く。アイヌ民族旗が揚げられ初めてメーデー参加となった。

結城は一九八三年九月三日四十五歳の若き生命を落としたが民族復興の燈火《ともしび》はアイヌウタラに引

き継がれていったのである。アイヌ近代史の上で民族解放の燈火《ともしび》を赤々と燃やした人として記憶し、記録されなければならないアイヌネノアンアイヌ（男の中の男）であろう。民族に芽生えた権利の要求は当然のことであり、決して消えないものだ。結城が生きていたならばどうチヤランケするだろうか。

［参考文献］　結城庄司遺稿『チヤランケ』（草風舘）参照

［13］　アイヌは滅びず、命の叫び!!

「何、このアイヌ！」と言った男を刺殺した人がいる。『アイヌモシリは滅びず[1]』（新泉社）の著者である。アイヌの人の文字の記録は非常に少ないが知里真志保は別格だ。『知里真志保著作集』（平凡社）は六冊の分厚い研究論文の集成であり、何人《なんびと》もこの業績に近づくことはできない。東大出身の大学者とこの著者、橋根道彦の生涯は比べることさえナンセンスと人は言うだろう。最高の学術の成果を残した人と山谷（東京都台東区の旧町名）で殺人の罪を犯した人だからである。酒と暴力、精神病院の入退院、少年院、脱走、懲役、銃刀法違反、窃盗、傷害、等々の繰り返しの人生でアルコール中毒の症状も激しかったようで、人間が落ちて行くところへ向かって突っ走ったような人生であった。

彼が裁判の過程で書いた上申書に鋭い言葉がいくつも突いて出て来る。「家出して二十年、アイヌは絶対に滅びない」の文言は心の内に秘した本音だろう。「アイヌの土地はアイヌに返せ」「アイヌは迫害されるもの。神こそ呪われるべきである」とは真志保の吐いたことばだ。そこに共通するアイヌとしての虐げられた者の執念さえ感ずるのである。

五歳のときに養子に出され室蘭市のエトモ小学校の二年生のときに教師から泥棒の容疑をかけられ、さらに五年生のときにも現金を盗んだとして体罰を受け、その容疑を晴らすために家の金を盗み家出をしてしまう。

アイヌであることの存在が、学校でも非常に不安定なものであることを知り、それがやがて自分のいるところで常につきまとうことを知った。

居酒屋、映画館、働く場所のいたるところで、「アイヌ!!」「熊」「酋長」の言葉と冷たい視線は彼の感情を強く刺激し、抑えることのできない屈辱感となって爆発した。小さな身体であったが頭突きで相手を倒し、「このアイヌ!」と怒鳴られながら棒で叩かれ気絶した。暴力で立ち向かうしかなかった。少年院でも刑務所内でも浴びせられる「アイヌ」「熊」の言葉の裏にある日本人の嫌らしい汚い優越感が許せなかった。「アイヌにアイヌと言って何が悪い」という「アイヌ」という三文字に彼は泣いたのだ。たった一人で日本人の差別に対し自分の身体を武器に戦ったのだ。あの小学校で「アイヌの子はどうしようもない」とつぶやいた先生の声は悪魔のように自分の身のまわりにつきまとい、多くの日本人の「アイヌ」という侮蔑の言葉と重なっていた。先住民族である自分のすべてが侮蔑の的となっていたのである。

故郷の白老に帰っても目前のアイヌは日本人の商人に踊らされた観光アイヌになり果てている。兄も親戚も民族の誇りなどどこかに捨てたように。アイヌの魂を失わずアイヌであることを通そうとした人は疎外されている現状で「シャモに操られているだけではないか」との橋根の声は彼らには届かなかった。

逃れるように飲むアルコール、飲んでも飲んでもアイヌである自分は他者になることはできない。「アイヌであること」「先住民族であること」の意識は侮蔑の的となればなるほど強いものとなって固まっていった。

「アイヌに生まれたことでこれほど苦しい思いをしなければならなかったのか」との橋根の問いに明確な解答をできる人はいないだろう。北大、東大の学者でも政治家でも。明治維新後の近代化の日本、戦後の民主国家日本社会においてさえアイヌを差別し侮辱し続け、それを当然のように思っていた日本人。こうした日本国家の歴史的事実を否定できる人は存在しないだろう。ただ、現実にはアイヌの存在さえも否定する人がいることは確かだ。

アイヌ新法は橋根の夢見たアイヌのためになるものなのだろうか、白老にできるウポポイで金儲けに走る日本人《シャモ》に良いように使われて良しとするアイヌは出て来ないだろうか。どん底の人生を生きた「命の叫び」はアイヌの誇りを持ったアイヌは滅びないとの叫びであったからだ。

註

(1)『アイヌモシリは滅びず』(新泉社、一九七一年)
表紙の題は「蝦夷地滅びてもアイヌモシリは滅びず」で著者は「橋根直彦」とある。「凡例」に、控訴審のための東京高裁刑事十二部への上申書、手紙および裁判記録によって構成されている。とあるように、橋根直彦の本音で構成されているものである。発行所は株式会社新泉社一九七三年十一月一六日に発行された。本書の三二八頁末尾に「著者橋根直彦あての手紙のあて先は左記に。東京都新宿区西新宿七―十一―十五　ミヤコビル6F　小林一夫気付」とある。小林一夫は「栗原登二」「太田竜」のペンネームを持っていた。

[参考文献]『蝦夷地滅びてもアイヌモシリは滅びず』(橋根道彦、新泉社)

[14] ハポ(母)の初恋の人

金田一京助の手による「聞き書きノート」がある(道立図書館)。知里幸恵が上京し、最初の仕事として話した事を金田一がメモしたものであるとされている。冒頭に金成太郎とローマ字で書かれている。次に「シヌレッキはハポの初恋の人」とある。幸恵、高央、真志保の母、知里ナミが幼い恋心を燃やした人、シヌレッキとはどんな人だったのだろうかと気になっていた。

明治三年の人別帳にシレキ二十四歳を発見し、この人がシヌレッキであるとすれば同年代のモナシノウク(幸恵の祖母)が当てはまるのだがと思ったりしていた。ハポは母のことで祖母はフチだから違うだろう。ナミと同年代頃の人であるはずのシヌレッキはどんな人なのか掴みきれなかった。

しかし、伊東正三の「北門新報」(明治三十年七月七日)「金成太郎遂に逝けるか(続)」の中の金成喜蔵のことばから相当優秀な男で同族から期待されていたことを知ることができた。
「当村出身の若者、志家シヌレッキと中者目下勉学中に有之」「何卒太郎の後継として引きたてる程を懇願する」とあって本年十八歳と記されていた。明治中期にその名を馳せた金成太郎の後継と願った期待の星であったのだ。明治十二年生まれのナミと同年代頃であり初恋の人であると間違いないと確信するにいたったが田辺陽子氏[1]の「明治時代における英国聖公会宣教協会の北海道伝道とアイヌ教育」(春風社、二〇一八年)の論稿の中からより具体的な人間像を把握することができたのである。

一八九〇年にホロベツの愛隣学校の教師となったネトルシップ[2]は妻子と共にホロベツに定住することが日英修好条約違反でかなわずと知ると生徒数もだんだん減って来る愛隣学校に見切りをつけ、函館にアイヌ学校を創る事を決意した。アイヌの子弟の中からキリスト教のリーダーを養成することを夢見ての実践であったようだ。函館へ出ることはバチラーの意志とは反するものであったことがバチラーの手紙によってわかるが、これまでの研究者の本の中ではバチラーがキリスト教のリーダー養成に積極的だったと書かれたものが多いが逆であったようである。とにかく、一八九二年には、金成マツ・ナミと男の子三人を連れて函館の自宅に引き取り教育を始めたようである。

一八九三年には学校としてスタートし伝道教育と実学教育をアイヌの子弟へ行った。翌年には少年十七人、少女二人の学校で週四十二時間の授業の中でアイヌ語の読書三時間、聞き取り二時間が設けられていたことは特筆されなければならない。試験も行われ、シヌレッキ八十九点、マツが九十二点、ナミが九十三点の最高点であったことも記されていた。

シヌレッキへの期待は大きく、上級の「函館伝道学校」へ進学させ、さらに「大阪三一神学校」へ進学する機会も与えられたようである。また、彼の他にトウベレッキも進学したようだ。函館でのシヌレッキの勉強の状況はこのたびの田辺陽子氏の研究によって百年以上の年月を経て明らかになったものである。

釧路の春採《ハルトリ》学校へも、トノレッキ（有古）トウベレッキ（遠飛）と共にローマ字教育の講師として派遣され、バチラーの助手としても平取、有珠等で活躍したようであるが一九〇一年頃からの消息ははっきりしない。

一九七八年の磯山スイさんの談話によると「志家喜平の弟で若くして死んだが外国船が幌別沖で難破した時に英語の通訳をした」と。その弟、喜三郎がシヌレッキではないかと思われるが定かでない。ちなみに明治四十一年三月二十三日に船の難破の事故があり、同年十二月にはシヌレッキは死んでいるようである。なお、明治四十三年八月に建てられた聖公会の建物の入口に書かれた功績のあった逝去者の名の中に志家喜三郎の名がある。若き日の知里ナミの初恋の人シヌレッキに幽かな光を与えることができたとすれば、現在なお学び求めている田辺陽子氏によるものであることを感謝の念と共に付け加えておく。

註

（1）田辺陽子

横浜市出身。ユニバーシティ・カレッジ・ロンドン教育研究所（ＩＤＥ）博士課程在学。早稲田大学教育学部英語英文学科、同アジア太平洋研究科（国際関係学修士）、コロンビア大学大学院（教育学修士）修了。専門は少数・先住民族の言語及び教育政策。編著書に『聖路易通信――一九〇四年セントルイス万国博覧会「アイヌ村」からの便り』（かまくら春秋社、二〇一六年）がある。二〇一八年十二月『英国聖公会宣教協会の日本伝道と函館アイヌ学校』が春風社から発行された。

（2）ネトルシップと函館アイヌ学校

チャールズ・ネトルシップはストラット・フォード・エセックス出身。ニュージーランドで教職についていたが、一八八九年に来日。徳島で英語教師を勤めるが、一八九〇年、ＣＭＳジャパン・ミッション現地採用されホロベツの愛隣学校の管理者となる。ホロベツでの家族との滞在は「安政五カ国条約違反であることから、彼独自の判断で函館での学校作りを決める。「函館アイヌ・トレイニング・スクール」（将来の伝道師となるアイヌ子弟を教育する）を目指した。ホロベツから、金成マツ、ナミの姉妹を始め五人、白老・平取・釧路・白糠・有珠・室蘭の各地から生徒が集められ、教育課程も定め、聖書、アイヌ語、日本語、実習等が行われた。日本の近代スポーツであるホッケー、フットボールの実技をアイヌの少年に教えたことは特筆される。なお、定期的に試験も行われ優秀な生徒はさらに上の神学校へ推挙した。また釧路の春採学校へも、シヌレッキ、トノレッキ、トウベら優秀な生徒を講師として派遣。学校は一九〇五年に閉校となった。ネトルシップは正規の神学教育を受けていなかったので聖職者とはなれなかった。一九〇七年に離職。

［15］つつじの下の墓標

広く枝の張ったオンコの緑、今を盛りのつつじの花、散りばめたような八重桜の落花が厚く地面に広がる。そこに高さ七十センチほどの小さな石碑が一つ、ぽつんと建っている。木々の枝をくぐるように近づく。「金成久太之墓、行年九歳、明治三十三年八月七日」と刻まれている。アイヌの人の墓である。幌別の千光寺の庭は広い。片倉家の重臣だった斉藤良知の碑は久太の墓とくらべればあまりにも大きく高く威容を誇る。

明治四年幌別村字浜裏は仮共同墓地とされて死体は埋葬された。またこの年、幌別字浜の百坪の地に故郷の刈田嶺神社の分霊を奉り刈田神社とした。先住民族の住む大地に生存の道を求めて大挙して海を渡った武士団も死者をこの地で埋葬しなければならず、怯みそうになる心の支えとして神社も奉ったのだろう。

千光寺はその共同墓地跡に明治二十六年、真言宗高野派説教所を創設した（登別町史）のが始まりである。現在は寺の敷地も広く伽藍も門も立派なものであるが創立当時は草庵であったにちがいない。この地に集まった人たちは、肉身の死者を葬ることによって自らを慰めた。各地から人々が続々と集まれば集まるほど、その場所は多くなって行く。百五十年の歴史の中で登別の宗教関連の施設は神社八、仏教寺院二十一、キリスト教会二、その他四カ所が数えられる（市史ふるさと登別）。人間が求める魂の拠り所はいかに多彩か驚く。正月には神社のお札を神棚に奉り、彼岸・お盆には先祖の墓参りをする。それが当然のように毎年行われる。神社の祭典には総出で神輿を担ぐ。始めは一七八六年にホロベツ場所の知行主の細界儀右衛門が幌別の浜近くに妙見稲荷《みょうけんいなり》を置いたと言われるが以来人々の心の揺れを静める宗教なるものは大海の波が絶えることなく押し寄せるようにいろいろな姿を変えて落ちついたのである。

八世紀頃から始まったと言われる祭文文化[1]を祖型としたアイヌ文化もその大波に次第に姿を変え

て行った。死後の世界はポクナモシリで永遠に生きるという死生観。先祖供養はカムイノミ(神に祈る)の時に地中の先祖へ語りかけ供物を捧げた。しかしキリスト教解禁に伴う、アイヌへの布教活動は強く、ジョンバチラーの幌別来村(明治十八年)以来、アイヌの主だった者はたちまち自分たちの宗教を捨てる。キリスト教の天国とアイヌのカムイモシリ。人間は死して天に昇る。そこには黄金に満ちたカムイたちとの美しく楽しい世界が広がる。アイヌの死生観とキリスト教と混同したかのようである。久太の父金成喜蔵も明治二十六年にキリスト教徒となる。彼は後妻との子どもたちを皆受洗させたが久太もそうだったのだろうか。小さなこの石碑はそのことを証明しているのだろうか。アイヌの墓標は本来は木でできているものだからだ。千光寺の庭に埋葬したことを印として建てたものだろうか。

金成喜蔵の先妻レルラは「私にはイエス様がついている、いつ死んでも天国に行くことができる」と言って明治二十一年には死んでいるのだ。金成家は皆、クリスチャンになったようだ。

片倉一族の主なる者もキリスト教に改宗していった事が日野家一族の助川徳子の手紙に残されている。「天帝ノ所ニ階級ナク万民平等ナリ」の賢者のことばは武士団の大自然開拓という一大難事業の前で強烈な刺激となったのであろう。武士を捨てた裸の人間の姿で始めてうなづくことができたからであろう。

ところが、金成喜蔵は千光寺の檀家として熱心に働いていたことが寺の記録に残っていたし、片倉一族の人たちもまた、キリスト教から離れて行ったようだ。刈田神社の古い玉垣からアイヌの人たちの名前も発見された。神道・仏教・キリスト教・アイヌの宗教、それぞれに固執することなく現実の世相に大きく揺れ動く人間の心の弱さの証しなのだろうか。久太の墓標はひっそりと花の下にあって千光寺に溶けこんでいた。

註

（1）擦文文化

擦文とは土器の表面を木片でこすったときについた刷毛状の痕跡をさす。擦文文化は八～十三世紀、北海道全域と東北地方北端に見られる文化。北海道特有の続縄文文化に当時の本州の文化が刺激を与え、成立したもの。石器は消滅し、鉄器が普及、農耕も行われていたが狩猟、漁労に生活基盤をおく。近世アイヌ文化の先駆。

（2）妙見稲荷

神社の名。妙見は国土を守り苦しみを救う菩薩。稲荷は五穀の神の名。別名キツネのことを言う。

[16] アイヌの誇りだけは……金成アシリイロの末路

アシリイロ（安之）は金成喜蔵の後妻となった。人別調[1]によればハウンテ（盤運治）の次女で、喜蔵の先妻のレルラ（連）の姪に当たる。一八八九年五月に四十歳年上、当時六十五歳の喜蔵のところへ初太郎を連れて後妻に入ったのである。喜蔵は明治期を生きた近郊で第一と言われた男であり（アイネノアンアイヌ）金成太郎が出自の名門の当主であった。アシリイロは父よりも七歳年上の男との結婚であり当然周囲の者たちの口はうるさかったろうと考えられる。

しかし、アシリイロには意地があった。名門の女当主として恥ずかしい生き方はできなかった。

喜蔵が生きて来た道はアイヌとしての風習を守るだけで生きるのではなかった。圧倒的な勢いで押し寄せる日本人との共存社会の中で彼らの目指す強力な皇民化策[2]を肯定しつつ生きて行かざるを得ない世の先頭に立つしかなかった。しかし、バチラーとの出会いと長男太郎の学識と行動力。キリスト教の聖なる教えもまた、吾が妻、吾が子らへの光明として受洗させた。自分の生きて来た道、曾祖父や祖父たちの生き方と全く異なるものであったのである。

アシリイロは覚悟の上で妻となったのだろう。日清、日露の大戦争による日本社会の経済危機、うち続く豪雨災害による田畑の流出。明治三十七年三月十六日にアイヌの人たちは幌別村で最も貧困な状態であると種子給与願を提出し、同三十八年には「施療券御下附願」を出し、さらに同三十九年には赤痢が大流行し救助米の給与の申請をしているのである。アイヌの哀亡とコタンの破綻が始まりつつあったのだ。喜蔵とのあいだには久太(幌別千光寺に石碑あり)を始め六人の子どもができる。皆、キリスト教の受洗をさせるがなぜか次々と早世する。

喜蔵は明治の年代最後の年に死ぬ。多くのアイヌがそうであったように金成家も没落の道を走るしか術はなかった。家を手放し、小さな家に移り、代々の宝物も子どもたちの医療費となって消えて行った。アシリイロは畑を耕し、豚・鶏を飼育し、生存の道を探ったが経済的に苦しく、ついには末娘を売って医療費とするしかなかった。バチラー八重子は幌別教会で勤務しながらアシリイロを見続けていた。また、アイヌの主婦たちを対象に、住居の改善、衛生思想、教育、行儀作法、針仕事などの指導を続けたが、アシリイロは率先して実行し範を垂れた。名門の意地を保ちながら打ち続く日本人社会の経済的疲弊に巻き込まれ、アイヌ社会は破壊され、落ち行く先が危ぶまれた。

バチラー八重子はそのときのことを一冊のノートに書き残している(伊達噴火湾文化研究所所蔵)。一つは「アシリイロさま」で金成家の没落と子どもの病弱、娘の身売りのジレンマ。自尊心の破壊の苦しさも察している。もう一つは「チカラカラペ」の題である。チカラカラペは「我ら刺ゆうする、もの」の意味で、晴れ着の一つで黒や濃紺の無地の布に切り伏せをしてその上に糸を置き布を押さえながらかがって行くもので一針、一針を進める女の意地が表現されているといって過言でない。アイヌの女性の誇りでもあった。

没落しているアシリイロに日本人《シャモ》の金持ちがそのチカラカラペを言い値で買うと押しかけて来る。「そればかりは」ときっぱり断る。「アイヌの誇りだけは失いたくない。弱みにつけ込むシャモの嫌らしさに口惜しくて泣いた」と書いているのである。自尊心まで破壊されたくないと言ったアシリイロも昭和十二年三月、身売りした末娘の腕に抱かれて死んだ。

「どん底に落されたウタリの名家再興のため死にいたるまで尽くしたアシリイロさんの事を永久に忘れません」と八重子は書き残した。

しかし、死後チカラカラペはとうとうシャモの手に渡ったが近年知里家に返されたと聞く。その後の行方は定かでない。

註

（1） 人別調

支配所膽振国絸別群土人戸数并　人別調書上
一、土人戸数七拾四戸　絸《ママ》別住居
總人別合　三百壱四人
男土人百五拾三人
内
女土人百六拾壱人
一、土人戸数　三戸　鵞別住居
總人別合　拾人
男土人　六人
内
女土人　四人
右之通ニ御座候　以上
明治三年　片倉小十郎
八月朔日

（2）　皇民化策
明治政府が先住民族であるアイヌに対して行った政策。アイヌを日本人とするために創氏改名を行い、アイヌ語、アイヌ風習、風俗、宗教をも日本人とするために禁じた。最も酷な先住民対策と言われている。

[参考文献]「バチラー八重子ノート」（伊達噴火湾文化研究所所蔵）

[17]「かわうそ」と言われた男

板久《イタク》は日本語に訳すと「話す。ことば」の意味である。青森県下北半島にある恐山《おそれざん》のイタコは死者の霊に代わっていろいろ話すので有名だが、このイタコもアイヌ語のイタクから来ていると言われている。

一八五六年（安政三年）の玉虫義の入北記の中にイタクトムコロと出て来る男は板久孫吉の祖父に当たる。コタンの役職（並小使）についている。また、安政五年の松浦武四郎の竹四郎廻浦日記にもその名が出て来る。また、片倉家の「北地跋渉《ほくちばっしょう》」（北海道の山を越え水を渡る）の先遣隊として渡道した本沢直養（片倉家家老の一人、ホロベツ開拓の先頭に立った）の道中日誌に一八六九年十二月五日付で「降雪・幌別川渡船　乙名《おとな》（アイヌの代表者となるべき者に付けられた役職名）イタクトムコロ陣羽織を着て先乗り、息子ウヘカトが後乗り」と出て来るのは孫吉の祖父と父であろう。

一八七一年（明治四年）「幌別郡土人人別調」では惣乙名《そうおとな》（アイヌの役職名、和人がつけたもの）でまさしくコタンの代表者であった。イタクトムコロの意味は「ことばに力のある人、説得力のある人」である。その孫に当たる孫吉は、「北海道幌別郡漁村生活誌」（佐藤三次郎著）の中で幌別川の鮭鱒の漁場について持ち分が割り当てられていた、との談話が載っているし、山田秀三[1]・知里真志保の「登別・室蘭のアイヌ語地名」には協力を惜しまなかった古老の知里高吉、板久孫吉に対する感謝の気持ちを山田秀三が書いている（昭和三十二年五月）。山田は孫吉の男らしさにすっかり惚れたようで「彼は魚捕りの名人で幌別川の沢筋に実に詳しい。例えば、ヌイナクルは隠れる道で鮭を密漁してこの道を通ってオヒラケシの峰の向こうへ逃げたと話してくれたし、仇名はかわうそ（エサマン）とよばれていたと知った」と。「登別・室蘭のアイヌ語地名を尋ねて」の巻末に孫吉と二人の写真を載せた。七十歳とは思われない精悍《せいかん》な表情をした男の目は紙を通して私をにらみつけていると錯覚するほどいきいきしていた。

かわうそは「エサマンカムイ」としてカムイモシリに存在していた。登別のフンベ山（鯨の形をした山）に伝わる民話の中に重要な主役として登場するのである。海を荒らしまわり、魚やくじら、舟、太陽までも飲みこむ巨大な怪獣、お化けくじら、「シヨキナ」と対決し、刀で真二つに切って、頭の方を登別川の側へ、胴体を鷲別川の側へ置いた。それが「フンベ山」となり「鷲別岬」となったと語り継がれているのだ。エサマンカムイはカムイモシリでは大変な慌て者であったというが、非常に素早く動き魚を捕る名人であったからだろう。行動的な男であったと推測できる孫吉の仇名である。

地名採録のとき、地名伝説と言われる民話も語ったのであろう。「トンケシ」の地名に関連して大津波にあった故事ではサルフト（日高の富川）のトヌウオシと個人名まで出し話しているのである。

孫吉は明治十八年生まれ、奥さんの名はハル。バチラーの教会で学びローマ字を書くことができたそうである。孫吉はカムイへの祈りは毎日欠かさず、無縁仏の墓にも一輪の花を捧げるなど非常に心根の優しい人であったと、幼い頃一緒の家で生活していた人は言っていた。山田秀三が地名を探っていたとき、登別漁港の近くで偶然出会った娘さんに地名を教えられたと『登別・アイヌ語地名を尋ねて』の中に書いたが、その娘さんが孫吉の娘であった。

彼女は二〇〇五年に九十歳でポクナモシリ（下の国・死者の国）へ旅立った。アイヌ女性として文様の型紙をホロベツアイヌへ残して逝った。板久の血筋は彼女で絶えたと聞いたが定かではない。

註

(1) 山田秀三と登別・室蘭のアイヌ語地名を尋ねて

一八九九年(明治三十二)、東京生まれ。東大法学部卒業。国家官僚生活を経て、終戦後、北海道遺達会長、北海道文化財保護協会常任理事ほか多数の役職に就く。金田一京助博士に師事し、知里真志保、久保寺逸彦博士らと親交を結びアイヌ語地名とアイヌ文化の研究を続けた。江戸っ子特有の歯切れのよい口調や、温かく厳しい人柄を慕う人は多く、自らの手になる地図や絵画は絶品である。終生在野の学者として、アイヌ語地名研究に当たったその功績ははかり知れない。

『幌別町のアイヌ語地名』『室蘭市のアイヌ語地名』は昭和三十三年に知里真志保との共著であるが現地に複数のアイヌ古老立ち会いの地名の採録であり、北大の北方文化研究報告に載せた。『登別・室蘭のアイヌ地名を尋ねて』は一九七九年五月、噴火湾社から出版されたが当時のいきさつや、地名の補遺的な話が載っていて興味はつきない。三冊とも二〇〇四年十一月二十三日、「知里真志保を語る会」(北海道登別市幌別町三丁目17、鉄南ふれあいセンター内、０１４３・８５・１０６２)より復刻版として出版されている。

[参考文献]『室蘭・登別のアイヌ語地名』『登別・室蘭のアイヌ語地名を尋ねて』(噴火湾社、知里真志保を語る会、二〇〇四年十一月二十三日復刻)

[18] 祈りの民

『痛みのペンリウク』は土橋芳美さんの書いた本である。副題に「囚われのアイヌ人骨」と書かれ、草風館から出た。

人間の叫びか、つぶやきか、なんとも不思議な感じを与えながら言葉が並ぶ。高熱の人間が吐く息のような熱い言霊《ことだま》が読み進む者を虜《とりこ》にする。序文を書いた花崎皋平氏は「アイヌ文学史における叙事詩として特別な意義を持つ」と絶讃する。

「なぜ泣く／わが子孫の／芳美よ／お前が／来てくれて／わしはどれほど／嬉しかったか／……」で始まる。

ペンリウクは沙流川のピラトリの長老《エカシ》で日高地方一帯の有力者であり、イギリス人宣教師ジョン・バチラーに大きな影響を与えた男であった。今なお平取の義経神社の境内に頌徳碑として彼の名は刻まれている。

「わしが死んで／一一三年がたつ／墓を掘りかえされ／骨がこの場に置かれて／八三年だ……」

北海道大学医学部標本保存庫（アイヌ納骨堂）にある整理番号「六九〇番ピラトリ一号、男、平村ペンリウク」と書かれた頭蓋骨が土橋さんに語りかける。

「神さま、どうしてこんなことが許されるのですか／そう言って／涙を流し／涙を流し／おまえが／あまり泣き続けるものだから／わしは／次元を超えて／おまえに語りかけずにはおれなかったのじゃ／涙をふいて／聞いてくれ／わしらの／涙も凍る話をな／……」

尽きることなく、重々しく、ペンリウクの言葉は続く。やがてその言葉が北海道大学にある一千余体のアイヌ人骨の声となることを知る。肉体は消滅せず、骨となってはいるがその魂は地中の世界ポクナモシリへ行くこともできず北海道大学の周辺を彷徨《さまよ》っているのだ。だから押しつけられるように重く、熱く感じたのだった。

「墓を掘りかえし／人骨を受け渡しするなぞ／大罪であろうに／この裁き／アイヌのカムイに委ねよう／……」

墓を暴き、人骨を掘り返すことは刑法に触れる大罪である。その大罪を大学の教授といわれる連中が犯したのだ。学術研究のためと言おうとも人権侵害であり大罪である。そのことを黙して許す社会も大きな罪を犯していることになる。

土橋芳美さんは北大にペンリウクの骨の返還を申し出た。二〇一六年七月には「ペンリウクさんの遺骨にまちがいありません。ペンリウクさんは生前いろいろな方に計測されておりましたので」との北大関係者の自信たっぷりの声を聞き、引き取れるとの確信を得た。しかし、九月に北大を訪れると「ペンリウクの遺骨ではないおそれがある」と常本照樹[1]（当時アイヌ先住民センター長）の答えに驚く。調べた結果頭蓋骨の長さが一・五五センチほどの違いがあるとわかったというのである。

「遺骨を返す気などないのですね」と、土橋さんはその場から立ち去ったのである。

先祖の墓が荒らされ、人骨が持ち去られた遺族の気持ち、八十三年も標本とされ、研究材料とされた目の窪みの中の悲しい黒い光。その頭蓋骨と対面する遺族の心の内など現在《いま》もなお理解しないで人間の心を持たない汚い手で撫でまわした者たちを許すことはできなかったろう。

二風谷で逢った門別君が言った言葉が私には忘れられない。

「僕が撃った鹿の頭蓋骨と同じように祖先が標本とされていたかと思うと許せない」

現役の若い猟師の澄んだ目には涙があった。侵害され、無視され、差別されたアイヌ民族の心の底は推し測るべくもない。

アイヌ新法下、北大標本保存庫（アイヌ納骨堂）のアイヌ人骨が新設される慰霊施設に移されたというが、アイヌの永遠の世界はポクナモシリだ。そのこと自体が差別にならないか。権力のある側の勝手な解釈にならないか。

北海道大学の罪は消えるのだろうか。読後、つくづくと考えさせられたのである。

註

（1）常本照樹

アイヌ先住民センター長。北海道大学法学部教授。一九五五年北海道生まれ。北海道大学大学院法学研究科修了（法学博士）。一九九一年、カリフォルニア大学バークレー校研究員。一九九三年、北海道大学法学部教授。一九八四年より北海道知事の私的諮問機関「ウタリ問題懇話会」委員として、一九八八年の報告作業にかかわった。以後アイヌ新法成立までの種々の法的問題に見解を示し、新法の基本的概念を作った。新法でのアイヌの諸権利の復活が現憲法の元では大きな問題があるとして先住民族の位置づけを法的に認めたが権利の回復は法律に盛られなかった。二〇二〇年、公益財団法人アイヌ民族文化財団理事長。アイヌ新法に大きくかかわった日本人学者の一人として記憶されるべきである。

［19］　タンネカムイ（蛇）のこと

六月中旬、室蘭市内でマムシが発見されたとのこと。マムシはアイヌ語で「トッコニ」と言われたようで「ウエンペ、トッコニサパ」（悪者め！　マムシの頭め！）と最も嫌われたようだ。

十三歳から片道十キロの道を峠を登って六年間も通学した私も、ときどき遭遇する蛇には弱かったし恐ろしかったので徹底的に戦った。半殺しにするとお化けになって復讐されると聞いていたからだ。動けなくなった奴をぐるぐると回して投げたら電線に巻きついた。今度はその下を通るたびに祟《たた》られるのではないかと毎日びくびくだった。現在でも蛇が恐ろしくて草群とか怪しい所に絶対に近づかない事にしている。

アイヌの人たちも、この大自然で生活していたのだから動物たちとのかかわりを大切にしたが、蛇だけはとても苦手だったらしい。

知里真志保のアイヌ語辞典には蛇の名称が総計三十二個も出て来るのは驚きだ。蛇もカムイだからタンネカムイ(長いカムイ)と言われた。

青大将はキナストマプで野草の中の棍棒が泳ぐと言われたようだ。シノホマプ＝我ら恐れるものと、トッコニ＝まむしは人々に恐れられた。カンナカムイ＝雷神もその本体は蛇で羽がついていると考えられていた。大蛇で羽がはえた姿が人々の心の中に映像化されていたものらしい。

洞爺湖の主も竜蛇であったから、主の「寒いぞよ、寒いぞよ！　火を焚け！　火を焚け！」と言う声が聞こえたという。つまり、爬虫類である蛇は寒さに弱く夏になると動き出すものであるから洞爺湖の主の竜蛇も同じだったのだろう。普通の家の中でも夏にはこのカムイ(蛇)の噂をしてはならないし、特に神聖な火のそばでは絶対禁じられていた。ニツネカムイ＝性悪な悪神として嫌われていたが、知里幸恵のアイヌ神謡集の「谷地の魔神が自ら歌う歌」のアイヌ語は、ニタトルン・ニツネカムイで湿地の中にいる悪いカムイ。蛇である。祭事のイナウを祀る祭壇の近くに出て来る蛇はヌサコロフチ（祭壇を守る老婆）が人間の前に現われたものとして殺さなかった。

ジョン・バチラーは平取の長、ペンリウクに世話になったが、ペンリウクは案内役で先頭に立つときは太い朽ち木の先に火をつけて足元をあちこちふりかざしながら歩いていた。蛇たちを脅すためであったのだ。トッコニに噛み付かれたら死に至る可能性が強かったから、常に神経を使ったものらしい。バチラーも「蛇はとてもずるい生きものなので呪うべきで、人を待ち受ける」と、『わが人生の軌跡』（出版企画センター）に出て来る。

また、砂沢クラさんの「クスクップオルシペ」（『私の一代記』北海道新聞社）の中で「ヘビの神に見込まれる」の小題で、イタキシロアザボという名の男が子どものとき、半殺しにした蛇が川に流されたがその一匹がこの子にかみついたから大変だった。足の骨が腐ってきたのだ。そのとき、蛇のカムイがこのままではあの世に行けないというのでイナウをたくさん作って川に流したら、足もだんだん良くなって大人に成長した。彼は木彫りの上手な男になったというのである。クラさんはタンネアババと言っている。

金成マツさんも晩年、登別で一人暮らしのとき、飼っていた三毛猫のサンコが部屋に侵入して来たマムシと戦ってマムシを殺したが自分も噛みつかれて死んでしまったとマツさんの遠縁の人が札幌の小野邦夫氏作成のＤＶＤの中で話していた。サンコにマツさんは命を助けられたのだとも言っていた。

『アイヌ伝承ばなし』（因幡勝雄[1]編、北海道出版企画センター）の中にも蛇の話がたくさん出て来る。

常呂町でもカツラの大木に白蛇が生息していたと。古今東西、蛇と人間の関係は常に緊張感があって、殺し、殺されるほど、憎しみあう仲であったが、竜神となると人間が手を合わせる存在となった。怖《おそ》れの究極が神となったのだろうか。タンネカムイと呼ばれていたのだから……。

註

(1) 因幡勝雄《いなばかつお》 一九三七年(昭和十二)北海道旭川市生まれ。一九九八年紋別市立博物館長(図書館)退職。岩見沢市在住。『アイヌ伝承ばなし集成——日本海・オホーツク海沿岸』(北海道出版企画センター、二〇〇七年)を出版。「紋別アイヌのむかし話」「どんぐり林の精霊たち」等。また紋別市史、興部町百年史、北海道地名等の出版に大きくかかわっている。『アイヌ伝承ばなし集成』は各地の伝承を多角的に記して非常におもしろい本である。アイヌ文化に興味のある方にはぜひ読んでほしい本である。

〔20〕 祖は日高にあり

幌別アイヌの婦人が民族衣装をまとったとき「そろそろ日高の文様から脱して自分たちのものにしたら」と嫌味を言われたと憤然としていた。半生をアイ文様の民族衣装の制作に捧げた上武やす子さんも最初の制作時には周辺を探したが参考となるべきものが見つからず、誰かが持っていた一枚の葬儀の写真の中に民族衣装を着ていた人を発見、それを参考にしたと言っていた。

「ホロベツアイヌは一度全滅していて、そこへ日高の方から移住して来た人たちが住みついたのだから文様も日高地方と同じであって当然なんだよ」と言っても納得したようではなかった。語りを継承の手段にしたが記録も無く、強い皇民化策の中でアイヌの祭具、器具、衣裳なども散逸してしまっていて証拠となるものはない。しかし全滅したことの記録は日本人の手によって残されていたのである。

松前藩の「福山秘府《ふくやまひふ》」である。これは松前広長の手による藩の記録であるが文字で書かれた記録が非常に少ない北海道の明治以前の歴史を知るには重要な文献である。寛保元年(一七四一年)七月十六日、渡島大島大爆発による大津波があったことが次のように記されている。

「震動は大山の崩れるが如し。また、雨白く、灰黒し、砂は地上に積もり数寸。海洋は大波の音が明け方まで続き、海水は溢れ、海辺は海となる。アイヌは皆溺死して家も蔵も舟も破損した」(富樫意訳)。また、山田秀三、知里真志保が知里高吉、板久孫吉を伴ってのアイヌ語地名採録時、トンケシの地名のところで大津波が来るとの忠告を無視したアイヌが全滅した話を聞いている。トヌウオウシという固有名詞、人間の名前が伝承されている事も驚きのひとつである。舟がカムイヌプリの中腹まで上がった。ランボッケ(富浦)のハシナウシ[1]まで津波が上がって男と女二人だけ助かって、あとは全滅したとの金成マツの伝承もある。

登別町史では「渡島大島の爆発により大津波起こり、幌別の人家、波にさらわれ無人の廃村となる」と記されている。その後、約三十年間を経て日高からアイヌが移住、一七九一年にはアイヌ戸数十戸とあり、約七十年後には四十戸、一九〇人のコタンとなったのである。

ホロベツ場所の知行主[2]、細貝儀右衛門は自分の商場所を放置しておくことができないから日高地方のアイヌの人に移住を説得したものであろう。この災害によってそれまでのホロベツアイヌの生活、文化、すべてが消滅したもので、移住して来た日高地方のアイヌ文化が新しくホロベツアイヌの文化として芽生えたことになる。

それにしても約三十年間無人の里は、長く、暗いものであったろう。家屋などの廃材や遺体は各所に放置されたままであり、津波後にできた沼や川、崩れた土地等、まったく新しい大地となったのであろう。

その後約百十年、一八五八年(安政三)に松浦武四郎がホロベツを訪れたときは五十二戸、二六六人のアイヌが生活する大きなコタンになっていたのである。和人との交易品の中にアイヌが木綿、糸、針などを求めている記録もあるところから、日高地方の文様をもとに多種多様なアイヌ文様が展開されていたことが想像できるのである。

まさに祖は日高にありと胸を張って説いてよいのである。

註

(1)　ハシナウシ(hasinaw usi)「枝幣・ある・所」

ここに海幸を祈る幣場があった。この幣場の背後にはカムイミンタル(神々が舞い降りて遊ぶ広場)と言ってもいいような平坦な場所がある(幌別町のアイヌ語地名　知里真志保・山田秀三)。現在は市営の墓地がある。

(2)　ホロベツ場所の知行主

松前藩は蝦夷地支配のために一方的に北海道の地を区割りしそこを場所と定め、有力な家臣に与えた。米の獲れない北海道では与えられた場所(ホロベツ)から獲れる魚類(鮭・鱒・鰊など)、また鷹取・砂金取りや商人たちに税を課してそれを知行主の禄とした。この制度は後年になると商人が実際の仕事をしてその収益の何パーセントを知行主に献上するシステムとなったため実質上のアイヌ支配は商人の手に委ねられたホロベツ場所の収益はあまり多くなかったようである。

［参考文献］「福山秘府」「幌別町のアイヌ語地名」（山田秀三、知里真志保）「登別町史」

［21］ アイヌ語地名を愛する

「アイヌ語地名とは何か」の問いに「アイヌ語で表現された地名であり、その発生の起源がアイヌ語とされている」と故・本多貢（元北海道新聞記者、アイヌ語地名研究家）は『アイヌ語地名ファンブック』（彩流社）の中で答えている。

その彼が事務局長となって昭和五十二年頃発足した「北海道の地名を愛する会」を発展的に解散して新たに「北方研究会」として会長に山田秀三を据え昭和六十一年三月に発足し第一号の会報を出した。米寿の山田秀三は「浜なすの花に寄せて」を巻頭に載せた。「アイヌ語地名を東北、北海道の広域的研究として北方情緒のもとで何かがわかって来るのでは……」と北国の一文化圏として研究範囲を押さえた。山田秀三の取り組みは実地調査をしての現場を見てアイヌ語地名を納得しようとするもので非常に慎重で冷静であり謙虚であった。だから保存運動には参加せずあくまでも調査研究に徹し、「アイヌ語地名は本当は誰もわからないのだから言葉の言い争いはあっても仲間割れは駄目だ」と新説を唱え自説を主張する者たちを戒めた。

アイヌ語の文字表記を日本語（漢字）で当てたが長い年月の間に本来のアイヌ語の意味が消えて漢

字の持つ意味に引きずられて勝手な解釈も生まれた。転勤して来たある新聞記者が「来馬《ライバ》」の読みと意味もわからず役場の者の説明の「馬が来るからライバで縁起の良い名前だ」をすっかり信用して記事にして笑い草になったが、登別の「来馬《ライバ》」の地名はよく論争の種になった。

　永田方正（道庁役人・地名解説者）がその地名解でライバを「死者発見スル処　此ノライバ川ハ今ノ小学校ノ前ヲ流レタルコロ　人多ク落チテ死シタリト言フ」と解説までつけた。これに対し山田秀三は珍しく感情的になって異議を唱えた。「とんでもない誤解だ。そのために我われの楽しい街（山田秀三は初代のホロベツのソーダー工場の社長）にけちを付けられるのは我慢できない」としてライバを意訳して「よどんでいる川口」とした（登別・室蘭アイヌ語地名を尋ねて）。つまり字句の意味にこだわりなく意訳したのである。中川裕氏の『アイヌ語辞典』によれば、ライは死ぬでバは発見するとなっているのだ。

　アイヌ語地名の著書のある更科源蔵は「ライベツで死んだ川口で古川ではないか、意味がわからない」。知里真志保は「ライパで死んだ川口、古川の河口をさすか」としているのである。アイヌ語地名が三人の研究者がいれば三つの説が出ると言われる典型的な例の一つが「ライバ」なのである。

　それにしても本来アイヌ民族の地名を勝手気ままに日本風にしたものも多い。登別温泉の地獄谷の名称もそのひとつだ。ペンケ湯（上の湯でカルルスの温泉）パンケ湯が（地獄谷の温泉）薬師湯は目に効く湯でシッカル湯としてアイヌは目の治療に当てていた。温泉を日本人が発見したように装うがすでにアイヌの人たちは自分たちの生活に取り入れていたのである。温泉街を流れるクスリエサンペッを「薬湯の流れ出る川」と認識していたし、一本の川の名もシノマンペッ（山の奥の方へ行ってる川）、ペケレペッ（清流）、クスリエサンペッと混じってヌプルペッ（濁った、効能のある川）とし、その川の状況によって名をつけた。又フンベ（鯨）山のようにその山に語り継がれた物語までついているのもある。

私たちが住んでいる所の各所にアイヌ語地名があるのである。気の遠くなるような長い年月の間に語り継がれて来たものであるから権威者気取りの地名研究家と自称するものが、否定したり珍説を我が物顔に披露するのは全くいただけない。これはまちがいで、これが正しいなんて言える訳がないのだ。大きな心でアイヌ語の地名を愛しんでいきたいものである。

［参考文献］『登別・室蘭のアイヌ語地名を尋ねて』（山田秀三、噴火湾社）
『アイヌ語地名ファンブック』（本多貢、彩流社）
『北方研究会会報』（本多貢、北方研究会）

［22］バチラーの名訳か？「イエス我ヲ愛ス（イエス　エンオマプ）」

ジョン・バチラーの名訳と言われているアイヌ語賛美歌がある。「イエス我を愛ス」、アイヌ語では「イエス　エン　オマプ」と読まれる。

ルイザ夫人がイギリス民謡の曲をつけオルガンの伴奏をして、足の悪いアイヌの少年パンジーが唄いアイヌの人たちに広く唄われたと言われている。詞は三番に別れている。アイヌ語による見事な賛美歌である。あまりにも完璧なアイヌ語訳なのである。主語である「私・我」が詞の一節ごとに使い分けられていることに驚く。「EN」（私を）、「Ku」（私が・私は）「Kani」（私）。十六行の詞の中で九個も使われている、「私」の言葉が目的ごとに使いわけられていることはバチラーはアイヌ語を極めていることを意味するか？　アイヌ語・日本語・英語の辞典を作った人であるから当然のことだと思いたい。

だがちょっと待て。この詞が作られたとき、バチラーはホロベツで金成太郎と聖書のアイヌ語翻訳に取り組んでいたのだ。七週間も二人の共同作業であったことが一八八五年七月十一日付の聖公会本部へのレポートに書かれている。

太郎は札幌で学友九人で泊まり込みで英語を学んだ実績があるのだ。英語をアイヌ語に訳して詞として表現するとき、アイヌである太郎が主導権を握るのは当然だし、微妙に異なる主語の使い分けはその民族でなければなかなかむずかしいことなのだから。

それにもう一つ、アイヌにとって初めての経験であるといってもいい詞の型、三番に分けられていること、切り詰めた単語の配置にする詩型は、相当の学識と詩に対する鋭い感性がなければできないだろう。ところが太郎には「ヤイサマ」の作品があるのだ。「ヤイサマ」とは「自分の心を述べる歌」の意味で叙情歌謡と言われている。堅苦しい場ではなく酒宴の席などで即興で歌われたもので、その中でも優れたもの、印象の強かったものは人々の記憶に残り他者に歌われ伝承された。

恋歌とか故郷を偲ぶ歌などがそうであるが「〇〇のヤイサマ」として代々歌われたものらしいが「太郎のヤイサマ」としてローマ字化され現存しているのである。つまり太郎は詩人としての素養もあったのであり、一族には「語り・謡」の優れた人がたくさん存在していたことも無視できない。

「バチラーが訳した」との通説は怪しくなってきた。

一八八二年（明治十四年）五月二十五日付の聖公会宛の手紙がある。ウォルター・デニングによるものである。彼は一八七五年にキリスト教聖公会の宣教師として日本に派遣された六人のうちの一人で函館に上陸した。非常に優れた言語学者でもあり、晩年は教会を離れ仙台の第二高等学校の英語教師となった人である。バチラーはこのデニングに教えを受けたのであり、先住民族のアイヌ人への布教を思い立ったのもデニングの影響によるものが大きい。

一八七六年（明治九年）にはアイヌ語研究のため室蘭へ上陸し徒歩で平取のペンリウクを尋ねている。バチラーにとっては頭の上がらない先生だったのだ。その先生の書いた書簡である。

「バチラーの文字の綴り、読み方、作文、組み立て、（英語）、肝要な所が不充分。氏のアイヌ語研究にはかなりの無理があります。基本的な学問の欠じょによるものです。ことばの持つ、種々の変化に対する鋭い感覚――、すべてのことをほとんど教育のない人にどうしてできるでしょうか」とある。

基礎的学問のないバチラーに、できるわけがないと冷酷とも思える判断をしている。イギリス本国でバチラーは予備学校（日本の高校程度）を卒業し、園丁（庭師）をしていたのだという（『異境の使徒』仁多見厳、道新選書）。デニングのバチラーの語学力に対する見解は「バチラーの名訳」の定説が非常に怪しいものであることを裏付ける。

「イエスエンオマプ」は七十五歳を過ぎた老婆も声を出して歌ったというがそれほどアイヌの心に響いた詞であったからである。

〔23〕 いま、教育の現場で

「人間以外のもの総てがカムイなんだよ。人間の事をアイヌと言うんだ」

「それからもうひとつ、大事なカムイがいる。オキクルミと言うんだ。人間に役立つカムイ、アイヌのために一生懸命に仕事をしてくれるんだよ」

掲示板に貼られた紙を指さしながら語る。小学校（三年、四年生）の子たちの頭にはアイヌ文様が刺繍されたマタンプシ（祭礼のときなど頭に巻く鉢巻）が巻かれている。

奇想天外なアイヌ民話の紙人形劇が始まると子どもたちは完全に魂を奪われたように劇に魅せられる。そして色紙の形を切り抜く、アイヌ文様だ。自由自在、どれも独創的だ。リムセ（輪踊り）だ。独特のリズムとアイヌ語の唄と、はやし。ある学校では校長先生も輪に加わる。子どもたちの大きい声がいっぱいに広がる。

夢のようだ。学校の中でアイヌ語が飛び交い、アイヌの唄が響いている。

今から三十年程前、旭川の荒井和子さんは「教育現場におけるアイヌ問題」の講演の中でアイヌである自分が教師になりたてのとき、旭川の近文小学校で経験したことを次のように話した。

荒井さんが五年生の教室に入ったとき、「アイヌ、出て行け！」との男の子の声。

「どうしてアイヌは出て行かなきゃならないの」

「アイヌは人間じゃないんだ。うちの父ちゃんや、母ちゃんが言ってたんだ。僕なんか悪くない」

「じゃあこの子たちも出て行かなきゃならないの」

同級生の中に六人のアイヌの子がいた。皆仲良く五年間も一緒の友だちだったからだ。

親が子にアイヌは人間じゃないと教えていたから子どもはそう思っていたのだ。

職員室でも「アイヌ、お茶出せ！」と年輩の同僚が言う。

「市内で一番最低だと言われてるんだ。アイヌの学校ってね」と校長のことば。

そんな教育現場だった。

アイヌ人骨返還のための先頭に立っている「コタンの会」のアイヌ民族の一人である清水裕二氏も教員となり管理職で退職した人だ。彼も現職のとき、職員室での同僚のヒソヒソ話をよく耳にしたと言う。アイヌのことは小声で話す。陰で言う。そんな陰湿な空気を感じたと言う。

二十年ほどまえ、稚内市での教職員の集まりでの講演終了後、中年の教師が「アイヌに北海道を返せと言うのか！」と凄い剣幕で立ち上がった。明治以来日本のアイヌ政策を語った私の話に対してである。アイヌ文化に関する講演会はすっかり白けてしまった記憶がある。「ヨサコイ、ソーラン」を全生徒で取り組んで生徒指導の実績をあげたという稚内市の学校教員の集まりであった。

　これと同じようなことを北海道ウタリ協会（現アイヌ協会）の理事長だった野村義一も「今なぜアイヌ新法なのか」（一九九三年）のなかで次のように述べていた。

　二風谷のアイヌ資料館宛の宇都宮の青年からの手紙に「お前たちは日本人から大変なお世話を受けているだろう。その恩を忘れていまさらなんだ。恩知らずのアイヌだ」とあった。「この青年が悪いのじゃない。教育者として何故学校教育のなかできちんと歴史を教えて来なかったのか。この責任は教育にある」と。つまり、日本の教育のなかでアイヌのことを教え、学ばなかったのは教育の責任でもあると指摘したのである。

　政府の教育政策としての教育行政のなかで、教育現場ではアイヌについてはまったく無視の時代が長く続いたことは否定できない。しかし、教育者として無関心・無知で良かったのかと野村は教育者の良心を問うたのである。

　私の学校訪問でのアイヌ授業は一九九三年、登別市の幌別西小学校から始まったのである。何となく周囲を気にしながらであった。約三十年の月日が経ったいま、学校のなかで大きい声でアイヌの唄が響き、アイヌの輪踊りがいはずんでいるのである。

［参考文献］「アイヌ民族についての連続講座」（北海道教職員組合、一九九三年六月一日）

［24］ ショキナの登場(フンべ山とワシベツ岬)

海霧《じり》は太平洋から音もなく忍び寄る。それは天女の衣のような広がりを見せてショキナの横を通ってカムイヌプリを目指す。やがて白く空中にただよい谷間を埋める。ショキナが吐き続ける息吹なのか。沈黙が広がる。

人の動きが活発になり始める頃、白い煙のように海霧《じり》はカムイヌプリの頂きに浮かび、巨大なショキナが現れる。大自然を舞台にした役者の登場である。人々はそれを鷲別岬と呼ぶ。ワシベツノッである。

我が家に隣接していた森の大木があっという間にすべてが伐採され丸裸の岡になったため五十年来見ることもできなかった眺望が果てしなく、毎朝ワシベツノッを見ることができるようになった。かつてこの巨大な鯨の形の岬を上から見たことがある。札内にある日本工学院の一室から見たとき、驚きの声を上げた。真っ青な太平洋に巨大な鯨が悠々と乗り出していたからだ。まさに鯨だった。鋭い刃物で頭部が切られたように見えた。

古《いにしえ》のアイヌの人々は登別駅に隣接するフンペ山(フンペサパ＝鯨の頭)と合わせ一頭の巨大鯨の話を作り、恐れをこめて語り継いだのである。

アイヌ語言語学者の中川裕氏はオキナ(okina)＝鯨のこととした。また知里真志保はシオキナ

(siokina)＝お化けクジラめ！　と畏敬《いけい》の念と嫌悪《けんお》と恐怖の念を入り混じって人々は言ったと書き残している。

「口を開ければ上あごは天をおおい、下あごは海の底に届く、鯨も舟も人も飲みこむ」と『ユーカラの人々の生活』のなかで書いている。金田一京助はその容貌はこの世で見ることもできない醜く怪異だと最大の罵詈《ばり》(ののしり)を与えて表現した。

「その大きさは二～三里(八キロ～十二キロメートル)もあり、背黒く小山の如し」「それ現われたる時、海水溢るる」「クジラのばけもの」等と言った。

日食は太陽がショキナに食べられたことによって起こる現象とアイヌは考えていたと言う。現在のフンべ山は登別軟石の大量採掘によって削られ古《いにしえ》に言われたような表情は見ることができない。

さあ、そんな大怪獣がホロベツ沖に現われたのである。魚はもちろん、舟までがショキナに食べられる。なんとか退治しようと総出で武器を持って戦おうとするが、全然歯が立たない。アイヌの人々は集められ、大いなるカムイに祈るしかなかった。

祈りのことばが火の煙に乗って天上のカムイモシリに届く。人間生活を見守るカムイ、オキクルミがショキナ退治を命じたのは、なんとカワウソのカムイである。エサマンカムイと呼ばれていた。エサマンはカムイモシリ(天上の神の国)では慌て者で有名でありオキクルミの先導役をするのが常であった。エサマンはホロベツの海上に降り立ってショキナと対峙する。刀を抜こうとするが刀がない。慌てて天上から降りたので刀を右の腰に差してしまったのを忘れたのである。オキクルミにそれを指摘され、ようやくショキナを真っ二つに切ることができた。（ちょっと待って！）。巨大なショキナを真っ二つにするにはショキナより大きな刀でなけりゃならないだろう。そうすればそれを振り回すカワウソはもっともっと大きくなければならない（そう真面目に考えないで！）。
エサマンは頭の方をヌブルベツ（登別川）、胴体をワシペッ（鷲別川）へ置いた。するとたちまち堅い山となってしまった。二つの岬となったショキナを目がけてたくさんの魚が来るようになりアイヌはここを霊地として祈りの場所としたというのである。大恐竜時代を思わせる怪獣の存在を肯定し、それをも人間が生きるための味方にしたこの逞《たくま》しさとスケールの大きい想像性とロマン。人間《アイヌ》の住むところ、（土地）への愛着としての地名、人間が生きて来た長い年月と共に語り継がれているのである。私の心を揺さぶるショキナをこれからも愛して行きたいものである。

［参考文献］『知里真志保著作集』（平凡社）

［25］「キウシト゚」と「キウシト」アイヌ語地名考

「アイヌ語は音声である」との先人の言葉が本当なのだと実感するようになったのは最近のことである。音声であるアイヌ語を耳にする機会が皆無という状況で文字化されたものをアイヌ語と認識してきたのも無理もないことなのだが、文字化された瞬間から正しいアイヌ語なのかと疑うようになった。

断っておくがアイヌ語言語学者、研究者、アイヌ文化全般にかかわっている人々の研究成果や実践を決して否定するものではなく、畏敬の念を持って学んでいる浅学の自分である。

ローマ字表記・文法・音韻変化等の研究から定説にしようとした人たちの労苦は安穏《あんのん》と机上で学ぶ吾が身と比較すれば月とスッポンであり、心から尊敬している。

『大日本地名辞典』のなかで吉田東吾は「文字を持たない民族の記録は地名こそが唯一の歴史資料となる」と著しているがアイヌ語地名はその最たるものであろう。

地名の由来・山・川の形、大自然の造形に民族の哲学、カムイへの恐れや尊敬の念、実生活の実利等々を語り継いだ地名は語り得る民族の遺産である。また日本の漢字による当て字表現でもアイヌ民族のことばとして永遠に残っていくであろう。古老たちが語り伝えたアイヌ語（音声で消えて行く）こそが最も大切にされなければならず、文字化することに重大な責任があるのである。

年を経てアイヌ語が文字化され、日本語での解釈が容易になってくると机上での言語面から私的解釈によって古老の説を否定する者が出て来る。雄大なロマンや悲劇の要素を否定して現実面から吾が学説を主張する者も出て来る。

胆振の厚真町の名前の由来を松浦武四郎は「ヒラカ村」の「バフラ」から聞いたとして、アツマで「ももんが沼」と記している。それに対して更科源蔵[1]は『アイヌ語地名解・北海道地名起源』のなかで、根拠を示さず松浦説を疑わしいとして「アツ・オマ・プ」で「おひょうの木のある所」と記した。アイヌの古老の説を否定するのになんのためらいもなかったのだろうか。音声であるアイヌ語は消えて行くし、どうにでも変化するとでも思ったのだろうか。

「室蘭・登別アイヌ語地名」は知里真志保・山田秀三の手によるもので、写真・絵・地理図面を付した名著である。昭和三十年代の前半にアイヌの古老、知里高吉、板久孫吉、佐藤三次郎等の案内で実地検証による地名採録である。その名著のなかに最近住宅地に最も近い湿地としてPRされている「キウシト」を探したが、「キウシト゜」(カヤ群生する走り根)は出て来たが、沼である「キウシト」が見つからなかった。

知里真志保は「tu」の発音の表記は「ト゜」とした。沼を意味する「to」(ト)とはまったく異なるのである。山田秀三は地図上にわざわざ説明までつけた。

「キウシト゜はカムイヌプリ(登別市の幌別の街から最も近い山でアイヌ語の名前のままで現在に至る)の頂上から殆ど一直線に南南東に下った尾根の先で幌別、鷲別間で鉄道線に一番近い山鼻であること、長い美しい走根《シト》であることでよく判る」と。

山田や古老たちは「キウシト」(萱群生する沼)を見落としてしまったのだろうか。

私は登別市の清嶺高校グランド造成や総合体育館建設当時、近くにいて広い湿地対策のため配水管や大量の土石が埋められたのを見ている。音をたてて水は流れていた。しかし、湿地帯の水は消えた。地下にもぐってどこかに顔を出したのかも知らない。

「ト」と「ト゜」の文字表記の意味の大きなちがいを学ばせてもらったのである。

註

(1) 更科源蔵《さらしなげんぞう》 一九〇四年弟子屈《てしかが》町生まれ。北海学園大学教授。アイヌ文化研究家、作家、詩人。『北海道の旅』『アイヌ伝統音楽』『コタン生物記』『松浦武四郎、蝦夷への照射』『アイヌ語地名解、北海道地名の起源』等、著書多数。

[26] 明治期にアイヌ独立論はなかったのか

明治維新から旧土人保護法成立までの三十年余、アイヌの動向を記したものは極めて少ない。そんななかで一八七八年(明治十一年)に発行された「函館新聞」。一八九一年(明治二十四年)の「北門新報」。雑誌では一八八五年(明治十八年)の「教育時論」等は、アイヌの人格を認めて論じていて目を離せない。もちろん当時の大新聞「北海道毎日新聞」の存在は大きいが、北海道拓殖の旗振り役の嫌いがある。また英国人キリスト教宣教師、ジョン・バチラーの本国へのレポート。個人の日誌(三吉笑吾、永久保秀二郎、芥川清五郎等)の公開によって何人かのアイヌの苦悩が伺える。

政府が「北海道土地売買規則」(一八七二年制定。土地を区分して持ち主を決める。土地はアイヌのものではないという主旨)、「北海道地券条例」(一八七九年制定。アイヌが住んでいるところは日本国家のものという主旨)等を発布して、アイヌの居住地も日本国家のものと決めつけた。アイヌは内地人が大地を自分のものとしてどんどん畑作を進めるのを見ているしかなかった。山の狩り場、海・川の漁場も自由にはならず生きて行く術さえも失うまで追いつめられ、内地人の強い力に従わざるを得なくなって行く。

そんなとき、日本の学校教育を受け、札幌師範学校を卒業し、教師の免許状をもち、漢文・日本語・英語に熟達した一人のアイヌ青年が現われた。金成太郎であった。

彼はアイヌウタラ（同族）の悲惨な状況を変えようと、「教育と土地を与えよ」と県令（現在の知事）や上京して内閣顧問、文部省まで陳情、各地の役人、ジャーナリスト、学者たちと計り「愛之《アイノ》教育義会」を設立して日本中から義援金を募集しようとしたがかなわず、自ら建てた学校（相愛学校）からも追われる。治安裁判所からの司法の手も伸び、悪意に満ちた風評のなか、日本人社会のなかで孤立する。

太郎は最後の手段として北海道全アイヌの署名の請願書を持って国会にアイヌ救済を訴えようと決意し奔走する。しかしアイヌからも容易に同意を得られず空しく歳月は流れるばかりであった。

「北門新報」の主筆伊東正三は、所在不明の太郎に紙上で呼びかけたが太郎の死を知らされた。太郎とは英語塾で寝食を共にした学友であり将来の夢を語った仲であった。

太郎の死を知った伊東はホロベツの現地取材を始める。太郎の父・喜蔵は「アイヌを救う道は一人の豪傑が群を率いるのみ」。バチラーは「アイヌの若者はアイヌ語を使わなくなった。このままではアイヌ文化、アイヌは滅びる。アメリカのインディアンテリトリー制にならってアイヌ用地を設置し邦人と区割制にして相互の交通を絶つのみ」という。

また、伊東は太郎に思いを馳せて「君は才に任せて俗人を驚かすことなきにあらず」と普通では考えられない発想でことに当たる男だったと述べる。そして「ナザレのキリストがキリスト社会を作り、メッカのモハメットも四十歳にして回教の国を樹てた」「国家は一人を以て興り一人を以て滅ぶ」「君に二万人の同族を率いて大和民族の間を脱せんと勧めるものにあらず」と警告している。

　太郎の陳情文に「アイヌは本邦渡航の人たちとは知識の上で大きな差があり、同じところで生活するには無理がある。各地に散在しているものを大部落へ集合せしめ同族一同に特殊の保護を願う」とあったことを念頭においたものだ。太郎はアイヌが独立したアイヌの社会で生きることを念願していたことがわかる。何をやってもはね返す大きな国家権力のまえに最後の道はこれしかないと抱いた太郎の真意に伊東は賛成できなかったのだ。

　ホロベツ小学校長の堀孝太郎の「事成れば大豪傑、敗れるは則ち大山師、太郎の境遇かくの如きのみ」との声を聞く。伊東は弔文を北門新報全紙面を使って書く。先住民族アイヌとの軋轢《あつれき》などなかったかのような日本近代史の怪しさのなかでアイヌ独立論を論じた若き人たち、しかも「太郎は毒殺された」と伝承のある男の存在を大切にしたいのである。

〔27〕学者の慧眼《けいがん》と執念

　故・丸山隆司は一九四八年生まれだったから私より十六歳も若かったが、年齢差を超えて妙に肌が合った。私の小説を読んで感想を述べてくれてからの交際だった。

藤女子大学文学部教授で万葉集が専門だったが、北海道で学者生活を始めてからアイヌについても積極的に学び『アイヌ学の誕生　金田一と知里』（彩流社）を出すに至った。その他『異郷の死』のなかでは「知里幸恵の詞／死」を書いた。幸恵の書いたものは金田一の媒介なくして世には出ない事態を鋭く突いた。また「海ゆかば＝万葉と近代」は藤女子大学の「国文学雑誌」への六本の論文の集積であり、その執念は作曲、音階にまで及んだ。追求は鋭く深く決して手を抜かない。彼の前に大きな壁があってそれを破壊するように挑戦したのである。

　肉体的には幼児期の病魔によって成長した後も体重も体格も普通の人より小さく病弱に見えたが、気迫と舌鋒は鋭く激しく、おかしいと思ったことはメール等で指摘した。返事がないと「失礼な奴だ！」とつぶやいていた。が、そんな調子だから同僚は別として、研究者や学者からは敬遠されていたようで、孤高の道を歩かざるを得なかったのではないか。

　アイヌ復興が叫ばれ、多くの研究者・学者が急にアイヌ贔屓《ひいき》になって行くのを見て「安易なアイヌに対する加担のふうや同情、もしくは礼讃《らいさん》が見失い、隠蔽してしまう。彼らに対する略奪者としての日本人という自己を繰り返し確認しておく必要がある」と鋭い矢を放った。

　ある会合で「金田一先生の悪口は言わないでください。幸恵に傷がつきますから」との血族の者からの声に憮然として「幸恵を神扱いにするのか」と情けなさそうに言った。私に「ダメダメ」と小さくつぶやいたのである。弱者であるアイヌに味方する者たちのなかで真実が消されそうになること、真実を語ることも拒否され褒め言葉だけが飛び交う場所に、身の置き場がなかったようであった。しかし、彼の講演時に配付される資料の多さと、きめ細かさは少しのことにも妥協しない、追及をゆるめない執拗《しつよう》ささえ覚えるほどであった。

二〇〇一年十月十五日、彼から電話があった。

「藤本英夫の銀のしずく降る降るのなかの誤射事件はフィクションだったよ」と。知里幸恵・真志保について書いたノンフィクション作家藤本英夫は、アイヌについては当代唯一の人だったから驚いた。札幌地検室蘭支部の関係者からの情報を確認したというのだ「明治三十九年、白老コタンの網元近藤宅へ盗みこみ、八カ月との記録があった」とのことだ。

「話があまりよくできていて(『銀のしずく降る降る』新潮選書)納得がいかなくてね。人間の重大な行為、しかも死がからんでいることを、偶然、居酒屋の隣に座った人が教えてくれて、病院へ行って病人に語らせる。しかもあまり記憶もさだかでない人。それにしては射たれた人の服装ははっきりしている。黒い長靴、白い手ぬぐいを首に巻く、熊とまちがえるのも当然。夕暮れ時、舞台と小道具もあまりにも整い過ぎているから不審に思ったんですよ」

驚いたが私も確認する必要を感じ、地検に勤務していたことのある友人をとおして調べてもらうことにした。ひと月ほどして「保存期間が過ぎていたので処分し存在しない」とのことであった。学者が百年もまえの事件の有無を確認し、何気なく応答してしまったこと。さらに、元の上司の再確認に慌てて処理したようだ。そんなニュアンスの旧友の返事だった。

丸山隆司は真実を求めて権威者に挑んだのであるが、怪しいと見ぬくその眼力には敬服せざるを得なかった。六十歳を過ぎた頃、病魔に襲われ死んでしまった。

八雲町の山の奥の温泉で湯につかりながら話したときのことが思い出される。胸の薄い男のどこにあの執念が隠されているのだろうかと思ったことも忘れられない。

〔28〕 霊魂は彷徨《さまよ》う

アイヌの人の死後は地中に埋葬されて肉体は滅びても霊魂はアフンパロ（あの世の入口）を通って地中の世界（ポクナモシ）で永遠に生き続けると伝えられている。

私は二枚のコピーを持っている。いずれも、人間の頭蓋骨が陳列された部屋で中年の男が二人、一人は説明し白衣を着た人は聞き役。もう一枚は一人の男が頭蓋骨を手に満足顔。副葬品がずらりと前に並んでいる。目のない頭蓋骨はじっと空を見つめている。その数は一千体を超えるといわれた。白衣の人は昭和天皇にそっくりである。北海道帝国大学医学部教授児玉作左衛門が説明役で、副葬品と頭蓋骨に囲まれているのも彼だ。アイヌの人の墓はほとんどが個人の埋葬であり合葬はまれであるから、一千個に近い数の墓を荒らして人骨を集めた。しかも首から上だけのものが大部分である。コピーからも恨みに満ちた死霊の声が聞こえそうな気がする。

一八八八年（明治二十一年）東京帝国大学教授小金井良精は、アイヌの墓から人骨を奪い、四十八年後にその日誌を公開した。なまなましい発掘現場が語られ、頭骨の後部に人工の穴があいていて、それは和人が梅毒の薬にするためのものだとも記した。「帝国大学の命による人類学研究のため」であるとも述べた。背後には絶大な日本国家権力があったのだ。しかし彼はアイヌの目を怖れ、逃げるようにしながら墓を荒らしている。

京都帝国大学の清野謙次教授も「日本人の起源に関する研究」と称して約九十二体を奪った。なお、彼の門下生らは、七三一部隊を作り中国大陸でペスト菌をばらまいたり、生きた人間の身体を実験材料にした。

北海道帝国大学医学部教授児玉作左衛門は、北海道新聞文化賞、北海道文化賞、紫綬褒章勲二等旭日重光章の輝かしい表彰を受けた。

「アイヌ民族は滅びるだろうから滅びる前にしておかねばならぬ。アイヌの人骨を調べればわが日本民族の体質研究に役立つからである」(傍点筆者)と彼の研究の言い分によるアイヌの墓荒らしである。マスコミも自治体も国家も最大限の讃辞を贈って表彰した。そのこと自体が大きな人権侵害であると気づかない日本国家であり日本人であった。

しかし、厳然と日本国家には法律があった。「墓地荒し」は犯罪だった。過去の大学者たちはそのことを認識しながらこそこそと発掘したが、それは盗みの行為でもあった。何とか法律を超えて正当な行為としたい。児玉は道庁と警察とも協議して次の見解を作った。「アイヌの墓を古墳でも墓地でもない古墳」と珍妙な理屈である。大手を振って堂々とアイヌの墓を求めて全道各地を歩きまわり、墓荒しを続けたのである。

墓のなかから出土した副葬品にも獲物のように目を向けて集めた。墓を掘ることに抵抗を示すアイヌには金品・タバコ・酒等で懐柔した。アイヌの墓を「墳墓遺跡」とした彼らは新憲法下で堂々と高校生まで使って授業の一つとして人骨を集めたのである。

後に「アイヌ肖像権裁判」のなかでアイヌ研究の第一人者高倉新一郎（北海道大学、北海学園大学教授）もこの発掘に立ち合ったことを認め、「人の道をはずれたことをすべきでなかった」と証言し後悔したことを述べているのである。まさに人の道をはずれていることを気づかなかった日本国家、日本人であったのである。共存し、日本国憲法下で平等であるはずのアイヌの存在は完全に無視されていたと言える。恐るべき過去のこの実態に日本政府の公的な謝罪はない。

アイヌ新法が成立し、国立博物館関連施設に慰霊施設を作り、慰霊しながら研究資料にもすると聞く。いまなお一千体を超える死霊が海霧《じり》のように国土を覆っている。地上では安楽できない。地中の世界《ポクナモシリ》こそ永遠の世なのだから、霊魂はいつまでも彷徨《さまよ》いつづけるだろう。

［29］　アイヌ新法は成立したが……

北海道ウタリ協会（現アイヌ協会）がアイヌ新法制定の運動を決議してから約四十年を経て、俗にいうアイヌ新法は成立した。長い議論の末、ようやく陽の目を見たものであるが、多くの日本人はあまり関心がなかったようだ。ただ、白老町に大きな建物ができるらしいとの情報は得ていて、毎日のようにいろいろなアイヌ文化に関することが新聞、テレビで紹介される状況に、関心は高まっていったようだ。先日もある人から「これからはアイヌも良くなるんですね」と話しかけられ返答に困った。

今頃、なぜアイヌ新法なのかと不思議に思うのが普通だろう。

「アイヌ民族問題の根本を考え直し、正しい理解のもとに国の責任を法的に明確にしない限り解決は困難である」との考えから一九八四年（昭和五十九年）にアイヌの側で法律の原案なるものが作られた。国連人権小委員会のエリカ・ダイス女史が一九九一年五月、国連人権デーで「アイヌ民族は先住民としてあらゆる権利をもち、あらゆる保護を受ける権利を有する」との論説にアイヌは大きな力を与えられたが、多くの政治家、官僚、一般国民はあまり関心がなかったのが正直なところだった。アイヌのことについて教えられず、学ばなかった日本人はアジアの人たちを一段と下に見る伝統的閉鎖性のなかで、長いあいだ生活していたからだ。

アイヌが求めた新法の骨子である基本的人権、参政権、教育・文化、農業・商業・工業における差別の撤廃、民族自立化基金の創設などは他人事で馬耳東風のようであったし、新憲法下でアイヌも生存権が保障されているのだから、いまさら権利を主張するとは何事かの思いは政府内でも強かったようだ。

だが、世界的な先住民族の権利回復要求が国連の場で次々と認められるに及んで、日本だけが孤立することはできないと二〇〇八年にアイヌ民族が先住民族であると認めざるを得ず、集団的権利を有しないという条件をつけて認めたのである。しかしながらそのことは、後から来た民族によって民族として生きる諸権利（言語・宗教・習慣・土地）を奪われたことを認め、その権利の回復を認めると世界中に宣言したと同じことになったのである。先住民族は日本には存在しないと主張してきた日本政府は世界の流れに従ったのである。二〇〇八年六月の国会決議は「近代化の過程で多数のアイヌの人々が法的に等しく国民でありながら差別され貧窮を余儀なくされた歴史的事実を厳粛に受け止めなければならない」と日本人の良心の決議でもあった。

しかし、法律を審議する過程で、「法律に基づく権利にするには憲法十四条（法の元で平等）などで整理が必要である」（菅官房長官談話「北海道新聞」二〇一七年八月五日）との見解が示されたが、「アイヌに寄り添った考えでやっていくという政府の姿勢を評価する」（二〇一七年一月十九日「毎日新聞」）というアイヌ協会幹部は、政府との信頼関係を崩さなかった。この時点で、新法は骨抜きになる可能性を示唆した者もいたのである。

有識者（一方的な人選による）の意見を充分取り入れてできた新法のポイントは、「法律で先住民族と位置づけアイヌ民族への差別や権利侵害を禁ずる」「新設される国立博物館、関連施設（ウポポイ）の管理規則。市町村への交付金等」とあり、アイヌの生活、教育支援等は法的拘束のない付帯決議となってしまった。アイヌ側が望んだ権利の回復はいっそうの努力をすると、努力目標となってしまったし、担当大臣は「国連宣言で権利が保障されるものではない」と言ったのである。

「先住民族と法律に位置づけたのは大きな一歩」「権利保障が曖昧、疑問」（「北海道新聞」

二〇一九年四月十二日）。「半歩前進、ウポポイなど東京五輪に向けたパフォーマンスとしか思えない」（「朝日新聞」二〇一九年四月十九日）。いずれもアイヌの声である。

新法はできた、さあ、これからアイヌはどう動けば良いのか、自治体はどうか、具体的取り組みが気になるのである。

〔30〕 モナシノウクとの再会

二〇一九年一月十八日、東京のアイヌ文化交流センターで「アイヌ民話を紙人形で表現する」という題で講演と実演をした。

小学校でのアイヌ文化学習実践は二十年を超え、試行錯誤のなかから紙人形劇でアイヌ民話を語ることがベターであるとの自分なりの結論から平成三十一年度は三市十一校で実践した。児童の反応も教師の満足度も強いようで自分の仮説にやや自信を持ったときの東京からの招聘であった。

アイヌ文化や歴史の小学校での学習の取り組みは教師泣かせであり、授業としての組み立てには相当の困難が伴っているようだ。中学校でも道徳（教科化された）の教材に郷土愛をテーマに知里真志保が日本人言語学者に挑戦するように、本当のアイヌ語を自分が目指すとした心意気を教材としたものであったが「アイヌのことについてはまったく無知です」と担当教師が困り果てていた。これとても教える教師の責任ではなくアイヌ民族無視の日本政府教育行政の長い年月の結果であり、民族差別の結末といえよう。

アイヌ文化振興法ができ、毎日のようにアイヌ文化がマスメディアに取り上げられているし、民族共生象徴空間も徐々にかたちを現わしてきた。東京オリンピック開会式に民族舞踊の出場があるとのこと等、話題は尽きない。

しかし、少し心配なのは、アイヌ文化が古来のもののみ強調され、現代を生きるアイヌの姿が見えてこないことだ。

民族共生のためにアイヌ民族の根幹をなす祈りの宗教・哲学、「カムイとアイヌ」がアイヌを始め共存社会の多数者である日本人にどう伝えられ、どう学ばれているかが見えてこない。だから、私にはどうも浮ついたものに見えてくる。そこで、純白な子どもたちにアイヌ文化の中核となっているアイヌ民話の「カムイとアイヌ」の教材化は、必須のものであると紙人形劇に取り組んだものである。「アイヌってすごい！」の子どもの素直な感動に励ましを受けての実践である。

東京はさすがに首都だ。思いがけない出会いと発見があった。横浜市在住の田辺陽子さんが聴いてくれ、「英国聖公会宣教協会日本伝道と函館アイヌ学校」という本を手渡してくれたのである。明治二十七年に二十三歳で日本を訪れた英国人女性がカメラを透して記録したものである。

そのなかの「アイヌ学校の講師と妻」のタイトルのアイヌの男女の写真を見て、私は声をあげそうになった。女はかつて故・知里むつみさんから戴いたモナシノウクの写真（コピー）とそっくりな人物なのである。

アイヌを語るとき、決して外すことのできない知里幸恵の祖母モナシノウクにまちがいないものであった。私は本人と逢ったことはないし、写真のみであるがまさしく再会したのである。

モナシノウクが洗礼を受けたときの資料を中村一枝さんから教示されていた。

「一八九三年(明治二十六年)四月二十五日　三十九歳　志家吉三郎の妻トナル」とあった。

幌別の愛隣学校が取り壊されネトルシップが函館にアイヌ学校を作ったとき、志家吉三郎とその妻モナシノウクの同行を求めたものであろう。

モナシノウクと前夫との子、マツとナミも函館のアイヌ学校へ入校するのだ。絶好の機会であったろう。

さらに新しい発見があったのだ。それは、志家吉三郎、喜三郎と似通った名前もあるのであって、誰が何をしたのか特定するのは困難であることがはっきりし、後の研究に待たれることになったが、モナシノウクとの再会は目からウロコがまたひとつ落ちたことになったのである。

なお、田辺陽子さんはコロンビア大学大学院修士課程を修了し、ユニバーシティカレッジ・ロンドン教育学博士課程在籍の若き研究者で、後日、バチラー八重子研究のため来道したいとのことであった。

［31］　天上の天

久し振りに帰省した息子と朝湯を楽しもうと、白老町の虎杖浜のアヨロ温泉を車で目指した。妻も同行、後ろの座席に乗った。富浦近くの海岸を走っていると妻が甲高い声をあげた。

「見て、綺麗！」

車を止めて指差すほうを見た。海のずっと遠い水平線の上にむくむくと盛り上がったような雲はまるで高い山の峰である。その雲の頂きから黄金の光が四方に散りながら輝いているのだ。その光は放たれた矢のように鋭く走り、やがて少しずつ消えて行く。雲の後背がピンク色に変わってくると海上の波は銀色あるいは金色に刻々と変わって行く。

「凄いね……」と息子。

しばらく声もない。

「そうなんだ。太古の人たちはこんな景色を見て戦慄《せんりつ》したと思うよ。何か得体の知れないものが作り出す不可思議な世界。人間の住む世界とは別の世界の存在を考えたと思うな。アイヌの人たちはそこをカムイモシリ、あるいはカンドと言ったのだ。金・銀の川が流れ、柳の葉がたわわに繁り、金の小鳥、銀の小鳥がさえずる……まさに究極のカムイの世界があると語り続けて来たのだ」

いつものように私が語り出すと、息子はまた始まったかというように黙って車を動かした。このほど上梓した『ウレンバ物語』（寿郎社）の序文が天上の天を語る冒頭の文が「シンタは宇宙船」だ。ポイヤウンペ（小さな英雄）がシンタ（揺りかご）に乗ってカムイモシリを目指す。

星の群を駆け抜け
天上界へやって来た
この透きとおった紺色
無限の紺色

と、天上の天をボイヤウンペは感激いっぱいに語り続ける。

未知なる憧れの世界を想像力を逞しくして描き、語り続けたのだ。確かに存在する「空」の世界、そこは人間（アイヌ）が住むことのできないカムイだけの世界としたのだ。

『ウレンバ物語』の書評としてSFの大家・荒巻義雄氏は「超古事記を書く計画があり参考になった」と感想を届けてくれた。各新聞評も「成層圏を飛ぶ揺りかご」というイメージだけでも心が踊り、SF的な想像力まで刺激される」「アイヌ民族の自然観や後生への教訓を伝える神謡」「育て合いなどをテーマにした神謡を子どもが興味が持てるようにアレンジ。二十年以上にわたり登別や室蘭の小学校などで易しい言葉で読み聞かせて来た」「民族の価値観を分かりやすく伝える取り組みを広めたいもの」等、好意的な反響が嬉しかった。

一九九八年に出版した『エカシのさくら』のカットを書いてくれた画家、故・藤野千鶴子の絵が表紙を飾った。新道展・美術文化協会会員で異色の抽象画家だった彼女が苦心惨憺《さんたん》の上二年以上かかって生み出した「さくら子」が人間の姿となってこのアイヌモシリ（人間界）に現われたのである。まさに天上の天女（天上の天のカムイ）が『ウレンバ物語』の表紙の上で黄金色で微笑んでいるのだ。藤野千鶴子が描き求めたものは無限の宇宙であり、無数の星のなかに音楽や踊りがある。その宙のなかにポツンと一人「私」がどこかに存在して呼吸をしている。それはまさに、アイヌ民族が常に慕い求めたカムイモシリであったのである。

久し振りに親子三人、水入らずのひととき、ことばを失うほどの美しい輝きを見せてくれたカムイに感謝しながらのアヨロ温泉（白老町にある源泉、矢尻のたくさんあるところの意味）は海からの早朝の潮風とともにこの上もない快感であったことは言うまでもない。

［参考文献］『ウレンバ物語』アイヌ民族の（育て合う物語）を読み聞かせる（富樫利一、寿郎社、二〇一五年）

［32］集まろう、学ぼう、行動しよう

市民一人の力は弱いが、数多く集まると強い力を発揮する。結束力が強いことが条件となるのだが、言うや易しでこれがなかなか困難である。強者はそのことを充分知っているから、その透き間を狙い離反させ、弱体化を図り、あらゆる手段を使う。ある一定の時間がくると大衆の運動は火が

消えたように弱まってしまう。

「集まろう、学ぼう、行動しよう」を標榜《ひょうぼう》して権力に立ち向かった抗議行動の実例がある。

一九七八年（昭和五十三年）当時の登別市長田村仙一郎に対する「ウタリ墓地破壊に抗議する会」の抗議行動である。抗議した事案をまとめる。

(1)当時助役だった田村は市の要請（新規の墓は富浦霊園に建てる）を裏切って来馬墓地の現在地に田村家の墓碑を設置した。
(2)田村の墓碑は墓地用地ではなかった。
(3)市の指定を二回も変更して設置した。
(4)市の許可面積四平方メートルを無視して四倍の十六平方メートルの墓碑を建てた。
(5)志家一族の墓地を破壊しその上に建てた。

この抗議行動を自ら起こすことによって眠っていたと同様だったホロベツアイヌは民族意識が目覚めていったのである。

結城庄司がホロベツに乗り込んでわずかの月日で行動を起こさせたのである。もちろん、一九七〇年代は各地でアイヌ民族復興の動きが起きていて、ホロベツアイヌも心のなかに微かなその想いがあったことは容易に想像できるが、火を着けたのはまさしく結城であった。彼は登別市長の異常な行動の情報をキャッチすると、その事実の調査と登別市の墓地の推移の歴史的過程とアイヌの状況、市内の政治情勢を徹底的に調べて、田村との市長選で敗れた松木覚を訪れた。

郷土史研究家で教育者でもあった松木との対話から、自分の行おうとしていることが間違いないものと確信するとホロベツアイヌのなかで仲間の信頼の厚い山岸隆之を説得、ペウレウタリ（若い仲間）を集めた。結城に同行した北大生は子どもたちの勉強のめんどうを見る。宿泊所とした柏荘には若い熱気が溢れ、結城の確信に満ちた熱弁が振るわれたのであろう。その集まりには中学生までも入って行った。

「お墓に行けば墓標なんか何十本と建ってたよ、野天焼（死体を焼く）をやるようになってシャモがかっぱらって焚《た》いたもんさ、田村さんの墓の真下で志家さんの墓三つはあったわ」（良識ある市民に訴える）と磯山スイさんの語り。その証言にもとづき、スイさんと現地調査、アイヌの墓を確認、法華寺の木村住職に塔婆を作ってもらって「ウタリの霊」を田村の墓に密接して建てた。

古老と婦人も混えた集会の学習会は熱をおびて行き、一人ひとりが発言することによってこの集まりが何をなすべきかの目標がはっきりしてくる。こうして抗議の会が結成され具体的行動に出る。抗議文を市長に渡し、面談して正式に抗議する。直ちに抗議文の配布、街頭での呼びかけ、戸別配布、「良識ある市民に訴える」の抗議文はその数八千枚に及んだ。

さらに、墓地を破壊された一族による田村への手紙による抗議、市会議員たちとの連携による議員の一般質問、住民監査請求、調査特別委員会、百条委員会の設置等、抗議行動は高まりを見せた。

マスコミも動く、北海道新聞、室蘭民報も連日取り上げ、雑誌「セイダン」も五回にわたって連載する。田村は条例改正等の手段でその正当性を主張、市長の権力を使って有利に導こうとする。市民は困惑しながらも真っ二つに割れたまま市長選挙に巻きこまれて行く。

だが、刑事事件にもならず、市長選挙が終わると、この運動はいつのまにか消えていく。田村は権力の座を追われ、新しい市長が迎えられた。

［参考文献］『良識ある市民訴える「アイヌ共同墓地」破壊を告発』（発行人・結城庄司、発行所・札幌市白石区中央二条六丁目五、アイヌ新聞社）

［33］ オキクルミと伝造エカシ

「アペフチカムイ！　火の神よ！」で始まる『エカシのさくら』（Ａ４判、四四頁、挿絵ペン画三一点）は、黒川伝造、富樫利一、藤野千鶴子の合作である。語り、文、絵が合体してひとつの作品となった。大きな川の流れるコタンに咲く桜の老木の生いたちに迫る作品である。一九九八年三月十七日、知里真志保を語る会から二千部発行され、道内のアイヌ協会の各支部、道内各図書館、管内の幼稚園、小中学校等に配布された。アイヌ文化振興研究推進機構の最初の出版助成事業であった。同年五月十九日付の「室蘭民報」は「（富樫が）一九九一年十月十二日、平取町の黒川伝造さんを訪れて取材してから約六年半の月日を要した」と報道した。

作品になるまでの経緯については拙著『ウレシパ物語』（寿郎社）に書いたが、現地での聞き取り取材が録音で、文字起こし、文章化、絵描き探し、出版まで、気の遠くなるような歳月を要したもので途中何度も放り投げようとしたものである。

黒川伝造さんは目が不自由で、小学校四年で学校をやめた人、ほとんど字を書けない。しかし、祖父母、両親から聞き覚えたアイヌとしての知識は抜群、アイヌ語で祈りのできる稀有の人であった。その人が話したものを作品にしたのである。が、その他にもユカラのテープを聞かせてくれたし、アイヌについて溢れるばかりの話をしてくれた。

「アイヌモシリ（人間世界）はオイナカムイが見守ってくれていたが、だんだん年をとったから、末っ子のオキクルミにその仕事（人間生活を見守る）を任せて隠居してしまったんだ。オキクルミはアイヌモシリに降りて来るとき、着ている鎧《よろい》を脱いでそれを崖に掛けたんだな。だから、あそこの崖をハヨクペと言う。オキクルミが地上に降りたときは崖の下の川水は少し濁ってうずを巻くからわかるんだ。だから必ずオンカミ（拝む動作）をするんだ」と得意そうに言うのだった。

先祖がアネサル（姉去）方面から集団強制移住の命令によって平取町の上貫別《かみぬきべつ》（アネサルから五十キロも離れていた）の山地に追われ、そこで育てられたが生活苦は筆舌に尽くしがたかった。上貫別には熊も住まないといわれたが、祖母や祖父たちに囲まれてアイヌとして子どもの頃はアイヌ語の語りのなかで育った人であった。

『エカシのさくら』となった創作の話はもちろんであったが、オキクルミについての自信満々の話は私を強く刺激した。アイヌについて勉強し始めた頃であり師と仰ぐ人もいなかった頃である。「カムイ」と「神」は似ているけれどどうも違うようであり、人間以外のものすべてがカムイというならば、日本の神道の八百万神《やおよろずのかみ》と同じなのだろうと、よくわからないままわかったような気持ちでいた。カムイノミ（神に祈る）の儀式のとき、山の神、川、きつねなどのカムイのイナウを祭るが、コタンコルクカムイのイナウが一番大きかった。

ふくろうのことも、村長《むらおさ》のこともコタンコルクというとも聞いた。

知里真志保は、コタンコルカムイは天地創造のカムイで人間を造ったカムイだと言い、オイナカムイ、アエオイナカムイ、アイヌラックルとも言われたが、日高地方ではオキクルミと言われたと書き残した（「呪師とカワウソ」『知里真志保著作集2』平凡社）。千歳地方では、オイナカムイが天地創造のカムイであり、オキクルミと同一視はしていないと白沢ナベさんは言ったとアイヌ言語学者の中川裕氏は辞典に書いている。オキクルミには家族がいて、その一族が人間《アイヌ》の生活、文化を守ってくれていたのだ。非常に人間に近いカムイで恋愛もするし子どももいる。

「俺たちはオキクルミに願いごとをするけれど、文句も言うこともある」

黒川伝造さんは堂々と言った。私はこの人の話だからこそ、なんとか絵本にしなければと執念を燃やしたのだった。

〔参考文献〕　『知里真志保著作集』（平凡社）、『アイヌ語辞典』（中川裕、草風館）

〔34〕　紅すずらん（贋のギョウジャニンニク）

終戦直後、アイヌ文化を学問の対象にしようと「北海道郷土研究会」が作られ、知里真志保や更科源蔵たちがそのメンバーになり、市町村で作られる郷土史を書いた。

アイヌの学者、研究者はきわめて少数であり、アイヌ自体文字の記録もなく、チェックする人も、これまた皆無に近かったから権威ある先生たちの発表するものは正しいと信ずるしかなかった。なかにはアイヌ古来の伝承を平然と無視して自説を堂々と主張した者もいた。

厚真町の地名トコンマがその一例であろう。松浦武四郎が古老が語った「二つの金の輪を投げ合って遊んだ」の意を書き残したが、それを「紅すずらん」が咲く谷間として悲劇のロマンを町史に残した。それは誠に手が込んでいて話の時代設定を「寛文年間」とした。

シャクシャイン戦争が起きたのが寛文九年（一六六九）である。アイヌ同士を戦わせオタクミ酋長が流矢に当たって死ぬ。一人娘のトコンマはタシロ（山刀）を持って敵陣のなかに突進したが、トコンマも捕らわれタシロを胸に刺して自死する。十八歳の美しく、清らかな彼女の血は不思議にもこんこんと音を立てて流れ、小さな沢ができ、その沢地に咲くすずらんの花は、血の色を含んだように赤くそよ風に香りを漂わせて咲くことから、その沢をトコンマの沢と呼ぶようになった。

このように紅すずらんとして厚真町の町史に載っているのである。

『蝦夷記』(1) という本にはシャクシャイン戦争の後始末で敗残兵狩りがあり、アイヌを徹底的に惨殺したことが書かれている。

「一人於多久員住處《オタクインスムトコロ》阿津摩《アツマ》ニテ討取《ウチト》ル

右六ヶ村ノ頭《カシラ》七人同子《コ》七人親族《シンゾク》十二人　阿津摩《アツマ》ト言ウ處《トコロ》ニテ十月二十二日ニ生捕《イケド》ル」

シャクシャイン戦争に参加した厚真のオタクインは、武将として一族を率いて戦ったが、戦後一族共々惨殺されている。紅すずらんのオタクミとどう違うのか。実話らしく見せるために『蝦夷記』のオタクインを話の武将としたとしか思えない。歴史に実在した者の名を使って美しい乙女の親の仇討ち、胸に赤い血を流して紅すずらんに化身したと悲劇の地名トコンマとしたのである。

最近、厚真ダムの建設のため埋蔵文化の発掘が行われ、おびただしい数の文化財が発掘されたが、平安時代末期頃の茶器、太刀《たち》、鍔《つば》、銀製の武具等々、さらに樽前火山の噴火によって火山灰に民家が焼かれ、そのまま発掘されアイヌのチセ(家)の土台に当たる部分も発見され、鹿場、祭事の場所と思われる整地された場所も出てきて、アイヌが一大勢力を誇っていた土地であることが偲ばれる。しかも厚真川を遡って目指す夕張岳への通路であったことが地勢によってもわかるのである。

「アツマト申所《モウストコロ》ニ城跡《シロアト》ト申而松柏《モウシテショウハク》ノ古木沢山《コボクタクサン》ニ繁《シゲ》リテアリ蝦夷共《エゾドモ》ウキクルミト申而今《ソウシテイマ》ニ申伝《モウシツタ》エル」(蝦夷商売聞書、(2) 一七三九年)

つまり、厚真にはオキクルミが作ったと伝えられる城跡があるのである(桜丘チャシ)。

標高七二メートル、深さ三メートル、V字状の溝が人工的に掘られているのである。日本風に言えば空堀というべきで、しかも鉄製の道具でしかなし得ない工作物なのである（今回の胆振東部地震でも崩れなかったという）。

松浦武四郎の安都摩《アツマ》日誌にもシャクシャインの戦から二百年も過ぎているのに案内されたアイヌの家から、「蝦夷太刀の二十五、六振り、短刀七、八本」を見せられたと書かれている。徹底した敗残兵狩りに逢いながらも秘かに武器を隠し続けた者も存在していたのだ。

唐突に紅すずらんの美しく悲しい話をもとにした地名を書いた人は、日本人《シャモ》の感性に自ら酔ったにちがいない。アイヌはすずらんをセタプクサ、犬のギョウジャニンニク（（贋のギョウジャニンニク））といって、役に立たないものとして軽蔑されるべき植物だったのである。

しかし現在、厚真でアイヌを名乗る人は一人だけと聞いたが本当だろうか。

註

（1） 蝦夷記（旧記一二七四年）と同じで「蝦夷談筆記」とは別な書である。「北海道帝国大学」罫紙にカーボン謄写（昭和十九年）北大図書館北方資料室。

（2） 蝦夷商売聞書《エソショウコキキガキ》
蝦夷地（北海道）の経済事情に関する書。主として東西各場所毎の知行主、産物、交易船の様子、運上金等が記されている。

［35］ ペラウシ・トミ・カムイ（栗山町の謎の鍬形）

空知にある栗山町は農村の町で人口約二万二千人の綺麗な町である。はずれにある栗山公園は日曜・祭日は人でいっぱいになる。他の町村からも集まってくるからだ。それにプロ野球の日ハム監督、栗山さんの住居もあり、天然芝の少年野球場もある。

九月の天満宮のお祭りは露天が市街の道路いっぱいに並ぶ。北海道での秋祭りの最後なので道内の露天商の人たちがみな集まるのだそうだ。街中は三日間で約十五万人（栗山町役場調査）の人で溢れる。

人が集まる街だから食べもの屋が目立つ。炭鉱で栄えた夕張市の下にあって夕張川、阿野呂川、雨煙別川と川が流れ、緑の田園に囲まれている。

昔は下夕張といわれ一八〇〇年代には四九二人のアイヌがいたが徐々に四九人に減ったと松浦武四郎は『近世蝦夷人物誌』に記している。

一七〇〇年頃の蝦夷地の和人の数が一万八九八六人であったという説もあるから驚かざるを得ない。一二一六年に強盗・海賊五〇人ほどを蝦夷に流したのが北海道に和人が入った始まりとの説が有力だが、一七八九年に多くの和人商人たちの悪業に対して立ち上がったクナシリ、メナシの戦いを考えれば、一二〇〇年代から五百年を経て圧倒的な和人勢力が北海道に根を張ったのである。

北海道に渡って来た人たちが書いた地図に共通して書かれているのが夕張岳だ。いろいろなルートで夕張岳を目指したのだろうが、栗山町の位置は重要な意味を持つ。その東寄りの小高いところの桜山から、鍬形が七個も発見された。大正五年（一九一六年）五月六日のことだという。鍬形とは武士の兜の前立の一種で角のように左右に高く出たもので鍬形虫の角を大きくしたものと思えば良い。深さ一八〜一九センチの地中から出たものである。誰の所有物だったのか。交易品なのか。和人の武士団のものだったのか。

先住民族のアイヌが作ったものではなかったが、彼らはこの鍬形を神として非常に大切にしたようである。「ペラウシトミカイ」直訳すれば「ヘラの着いた宝物のカムイ」となるのだろうか。宝物のなかでも最高のものとして「人間の世界を作ったカムイが天より降り給うたときに持って来た物」として尊敬したという。蠣崎波響[1]の「東武直像の東武・モンベツの長東武」座像の絵では右手に大事そうに持っているし、夷酋列像の「超殺麻・チョウサマ」立像では誇らしげに大事に抱えられている。武四郎も実物を見たのか蝦夷漫画に自作のスケッチを入れた。手に入れたアイヌは和人から非常に貴重なものであることを聞いて、自分の家の宝壇には置かず山の洞窟か祠《ほこら》に安置したものらしい。なんともいえない奇妙な形をした蛇の鎌首のように立ち上がっている、わけのわからない形をしたものはアイヌの心胆を寒からしめたのは当然だったと思う。

埋められたのが一七〇〇〜一八〇〇年頃だ。なぜ栗山なのか、大いに疑問となるところだ。隣接する厚真町からは源義経時代に武士の長たる者たちに愛された愛知県の常滑地方で焼かれた常滑焼《とこなめやき》の壺が出てきているのだ(常滑焼の破片は藤原三代時代の遺跡から多く出土している)。

大胆に想像をめぐらせば、源義経たちの武士集団が北海道に入っていたのではないか。そこでアイヌとの共存の生活があったが、次第に暴力での圧制が始まりアイヌは少しずつ姿を消して行き、武士集団も厳しい自然や病気に対応かなわず滅びて行ったのではないのか。

栗山の田園地帯から、晴天の五月には夕張岳が非常にはっきり見える。あの山を目指せばやがて海が見えまったく違った世界がある。遠くの樺太の地に通ずるところにも行くことができる。黒曜石なども手に入るし、異民族とも逢えると、人々は希望を持って夕張岳を眺めたのだろう。現在でも夕張岳から十勝へ抜けるルートがあるのだ。

阿野呂川があるが川は道であった。夕張との境界の川はエキモアンルルと呼ばれた。山に向けて行けば向こうに海が見えるとの意味だそうだ。栗山は昔も今も人の集まるところだったのだろう。何かがありそうな街なのかも知れない。

註

（1）蠣崎波響《かきざきはきょう》
松前藩の重責家老。一七八九年のクナシリメナシの戦いの終戦のためアイヌの長老に説得工作に当らしめたが、終戦後、その功績を讃えて十二人の長老の絵を描いたのが、世界的に名高い「夷酋列像」と後に呼ばれる名画で、多くはフランスに渡った。画像のなかのアイヌ長老はロシア製のコート、蝦夷錦の羽織をまとい、北方交易の大きな役割を担ったアイヌの実力者の権力を誇示したものであった。戦後処理のため松前藩は伊達郡梁川に移封され、事実上の責任（統治者能力なし）を問われてが、波響は幕府と松前藩のあいだを巧妙にとりもつ政治家でもあったようだ。終生、京都と江戸で高名な画家・文人としての人生を送った。

〔36〕『アイヌ神謡集』の序文をなぜ日本語で書いたのだろうか

「その昔、この広い北海道は、私たち先祖の自由な天地でありました……」で始まる知里幸恵の

『アイヌ神謡集』の序文は名文として名高い。本文のアイヌの語りのユーカラとは別に独立している。本文もまた、第一話シマフクロウ神が自らをうたった謡の「シロカニペランラン、ピシカン、コンカニペランランピシカン」のアイヌ語よりも幸恵が訳した「銀の滴降る降るまわりに、金の滴降る降るまわりに」のフレーズが独り歩きをしてしまったようだ。短絡して「知里幸恵＝銀の滴」のイメージが強調されてしまった感が否定できない。

本文はアイヌ語を日本語訳にしているが、序文は日本語だけである。よく読むと、アイヌの先祖の自由な天地の具体的表現は冬・夏・春・秋と四季をそれぞれ丁寧に表わして、「嗚呼なんという楽しい生活でしょう」と結ぶ。約百六十字のなかに動物が、熊・鷗・小鳥・鮭・鹿と短い情景描写のなかで息づいている。中段は現状のアイヌの姿を「おお亡びゆくもの……」と表現し、未来はきっと明るい生活が来るであろうと強い願望を述べながらも、民族の言語が収奪され、消え行きそうな現状を憂いて、そうはさせじとアイヌ語を書き連ねたのだと結んでいる。

確認しておこう。幸恵はアイヌ語を話語として、祖母モナシノウク、伯母金成マツと三人で生活していた。アイヌ語の生活をしながら、日本の学校で日本語の教育を受け、日本語が渦巻く社会で日常生活を余儀なくされていたのだ。彼女がこの文を日本語で書くとき、日本語を意識したアイヌ語が浮かびそれを日本語にする。つまり、アイヌ言語を反復しながら日本語を選択したのであろう。だから、この序文はアイヌ語と日本語が練り合わさった絶妙な文に仕上がったのだと思う。

北海道大学名誉教授小野有五氏は、明治以来の日本文学のなかで五指に数えられる名文と絶讃したし、言語学者の斉藤孝氏は声に出して読みたい本と讃えた。また、故・丸山隆司(藤女子大学教授)は「力のあることばもその表現から贈られた」「祖母の語りを自らの身体を通して、口承の音声を記録し、日本語の翻訳もひとりで果たした。自らを語り、伝達し、記録した」と古今、彼女しかできない業であったのであると高く評価しているのである。

その彼が「幸恵は何故、序文をアイヌ語で書かなかったのだろうか。本文でアイヌ語の伝承をローマ字で表記したようにアイヌ語で書くべきだったのだ。僕はそれを見たかった。いや、読んでみたかったね……」と。

そして「金田一京助がアイヌのユカラの古語を、ヤマトコトバで古典風な表現で訳して、大学者となった。幸恵にはその金田一がついていたのだよ。アイヌ神謡集は金田一が存在しなかったらこの世に出ることはなかったのだ。つまり抑圧し、収奪した側の人間が幸恵の自由な表現を束縛していたのだ。幸恵は東京の金田一の家で日本文化・日本語の世界に囲われていたのだ。僕は或る大先生に一方的にこうも言われたよ。『芸術創造の機微を無視した観念論的図式主義だ。幸恵・八重子、真志保、違星北斗たちも日本的文化に囚われ屈服して、半一同化の表現しかできなかった、と言いたいのだろう。日本人、日本文化の罪をそういう形で告発しているつもりか。とても貧しい感性と思想に思える人間だ』ともね」

丸山は真意を理解せず一方的な意見を公表したその人と堂々と論争をしたかったようだが、その場はなかったようだ。丸山の『アイヌ学の誕生』(彩流社)に対する読後感であった。

幸恵の記念館では思慕の声が乱れ飛び、礼讃する。異言語である日本語に置き換える作業や序文のアイヌ語の存在の有無など、苦しみ悩む幸恵の内面に迫る空気はあるのだろうかと、ちょっと心配になってくる。

〔37〕 湯の滝茶話（薬湯流れる登別温泉）

「湯治は川中なり　いたってあつし、目に　よい水も出る」

函館奉行堀淡路守範正は安政五年（一八五八年）登別温泉に入って公務日記に書いた（登別町史）。百六十年の歳月を経てもクスリエサンペッ（薬湯の流れる川）は温泉街を悠々と流れている。地獄谷からこんこんと湧き出る温泉は各旅館の湯船から溢れる。人は「天下の名湯」と誇る。

日本人がこの地に入って来るまえは、アイヌは「ヌプルペッカムイ」（効能のある川）と呼び、地獄谷、日和山をタツプカシエヌプルカムイ（小高い山脈が入れ墨をしているカムイ）と呼び崇《あが》めた。湯浴みをしながら、疥癬《かいせん》・湿疹、目にも効能があることを知る。そして、この地の上のほうにも湯が湧き出ることを知ってペンケユ（上の湯）と名づけた。登別温泉をパンケ湯と呼び後の世のために語り伝えられる。

「アイヌモシリ（人間世界）に生まれた女の子が絶世の美女となることを知った天上のカムイが、皮膚病のカムイを取りつかせ、顔中にできもの、ついには眼まで腐れて人には見せられないようにした。人に嫌われ、相手にされないまま、差別のどん底で十八歳頃までくらしたが、ある日、突然姿を消した。天上のカムイのお嫁さんになってしまったんだ。やがて女の子が生まれ、その子をヌプルペツの奥の高い山のカムイとしたんだね。母がアイヌの世界で苦しい思いをした事を知ってカムイとなったその子は人間を守るカムイ、辛い病気も治すカムイとなったんだとさ」(満岡伸一『アイヌの足跡』より加筆)。

この話は遠く十勝のほうまで伝えられ、たくさんの人たちがやって来たという。

安政四年(一八五七年)には、江戸の医師桑田立斉がホロベツにやって来て強制種痘を実施したがアイヌは山中に逃げるやら、鍋底のスミを顔に塗るやらの大騒ぎであったようだが、安政年間にはこの温泉を訪れる日本人が多くなってくる。安政七年には登別温泉の祖といわれる滝本金蔵夫婦らしいのが「安政七申二月番人調子帳、モロラン、ホロベツ会所」に「出稼夫婦者二人」と記帳されていたという。

本格的に片倉一族が入植する以前にこの地を訪れ、生涯をこの地に埋める決意をした金蔵は生きるためにあらゆる事業に手を出して行く。それは先住者アイヌとの共存なくしては不可能であった。先住した者にその経験的知識を借りることが第一であったろう。馬の放牧、養魚、道路開削、強い意志と行動力があった。

温泉開発の夢もなかなかはかどらなかったが滝本旅館を建設するまでに至る。

次第に人は集まり室蘭本線(鉄道)に汽車が走るようになると集客が大きな課題となり、道路が作られ馬車が通り、電車、バスと変えて行く。

人々はなぜかこの地を鹿の湯と呼んでいたが明治四十一年、温泉郵便局が開局される頃は「湯の滝」となったという。湯が滝のように流れる下で湯をかぶっている数人の男の写真を見たことがある。湯の滝のイメージはいかにも豊富な温泉を表わして実にふさわしいロマンチックな呼び方をしたものだと感心する。

日露戦争が終わり、負傷した多くの軍人たちの治療が必要になる。北海道出身の軍人ばかりでなく全国各地の人が集まり、登別温泉の名は急速に全国に広がって行ったのである。つまり、治療の湯としてである。人々は困難にめげずあらゆる努力を惜しまなかった。温泉にかかわりのある者が住みついて現在に至ったのである。オーナーも従業員も街の人も力を合わせてことに当たることがこの温泉の習わしとなって行った。

玉川亀吉氏の「東に別府、西に登別温泉」のことばを見つけた。その心意気や高し、である。コロナ禍を経験した観光開発、どん底からどう立ち上がるか、歴史に根ざしたどっしりとしたものを期待する。地球上の世相は刻々と変わるからだ。

［38］　津波がくる、早く逃げろ！

ホロベツの浜のおばちゃんたちと茶飲み話をしたときのこと。

「津波きたらどうするの？」と聞くと、「くるわけないしょ。この何十年も住んでるけど一ぺんもきたことないもの」と、すぐに返事が返ってきたのに驚いた。

もう一人のおばちゃんは「中学校のグラウンド（標高十六メートルの高さ）へ逃げることにきめてるの」と言った彼女は膝が悪い。「車で行くしきゃないしょ」とこれもはっきりした答えであった。

「昔だったらさ、ボロ家ばかりだったけどいまはこんな立派な家ばかりなんだから大丈夫だって」と自信たっぷり。

平成二十七年三月十一日、この日、東日本大震災の発生時刻に合わせ、大津波災害からの避難が可能かどうかの実験的訓練を行った、登別市栄町町内会長の体験が新聞報道された。若草五丁目の避難場所、海抜二十三・五メートル、室蘭総合自動車学校（所在地は鷲別町）の上まで、避難時間四十六分であったという。栄町海岸の津波発生予測の高さは十・二メートルと北海道は発表したが胆振地方では一番高い予想である。

「津波なんてくるわけないしょ」というおばちゃんも、本当は「きてほしくない」という願望から出た言葉だろうし、海岸ぎりぎりのところに市役所が建てた家に住んでいるから安全なのだと無理に思いこんでそう言ってるだけだ。

栄町の町内会長の体験後の感想（北海道新聞記事から）も、「無事に時間内に避難できるかな」と不安と虚しさがにじみ出ているような気がした。

小学校が海岸ぎりぎりのところに建てられており、一番先に津波の洗礼を受けることが一〇〇パーセント確実なのに「安全・安心な街づくり」を唱える人たちの本音は「大津波など来ない、来て欲しくない」という願望の上に立っているだけだ。

「胆振海岸すべてに津波がくると、その高さまで予測した以上、そこに住む住民の生命・財産を守るために、国はそれに対応するだけの高さと強度を持った防潮堤を早急に作るべきだ」という当たり前の声が聞こえてこない。「とてもそんなことできるわけがない」と諦めているからだろう。

福島県の七十七銀行女川支店が、3・11の災害時、津波の予想が五・九メートルであったので十メートルの屋上へ避難させた。実際は二十メートルの波がきて全員死亡した。この避難指示が妥当かどうか遺族が告訴し、裁判になると報道された。また、原子力発電所の再稼働の安全規制委員も十五メートルの高さの防潮堤を作ることを条件としたが、それも絶対安全とは言い切っていない。

そもそも大自然の力のまえに科学技術で立ち向かって絶対安全であるということ自体がナンセンスなのだ。福島の被害の実体が良い例だ。

人類は何万回と繰り返される地球の大災害から逃げまどいながら、ようやく今日まで生き続けてきた。自分の生命維持のために自分に適応する環境を求め、大いなる大自然の力に敬意を表しつつ生きてきたのである。

いま、私たちの住んでいるところは、湖も海も火山も温泉もある。大自然の恵みをいっぱい受けながら幸福な生活を続けている。

しかし、大災害、津波、地震は必ずやってくる。必ずくる。そのときがいつなのかわからないけどやってくる。せめてそのときの心構えは日頃から決めておく必要がある。家族とは、声を出してそのとき取り得る行動を確認しておく必要がある。耳から何度も聞いた声は何年たっても脳内に沁みついているという。

地震がきたら「水を溜めろ！」。津波の知らせがあったら何をさておいても逃げることだ。その逃げ場所も家族の共通の認識としておこう。

アイヌの伝承にあるのだ。

「津波がくるぞ、早く逃げろ！」

誰でも守れる、避難方法である。

〔39〕　有珠山はいつ噴火するのか

二〇一一年三月十一日に発生した東日本大震災の、あまりの大きさに歴史地震研究会の磯田道史氏は、「江戸時代から数えて六回目の地震活動期に入ったのではないか」と述べたと伝えられるが、過去五回の活動した時期とは、次のように区分された。

（1）一六一〇年、慶長年間

（2）一七〇〇年、元禄宝永期

（3）一八五五年、安政期

（4）一八九〇年、明治期
（5）一九四五年、南海地震

このなかでも元禄宝永期は富士山噴火もあって凄い。一七〇〇年といえば北海道で、日高アイヌ、シャクシャインが首領となって松前藩と戦った約三十年後のことである。マグニチュード8・2の地震で大津波が小田原城下を襲い全滅。その四年後、マグニチュード8・6の地震により、東海、東南海、南海に地震が広がる、いわゆる宝永の大地震である。

さらにその三年後、富士山が大噴火を起こす（宝永四年）。二週間も噴火が続いたというから大変だったろう。江戸の街が全滅したというのである。これらは連鎖反応的に起きたのではないかといわれている。徳川幕府は全国の大名に石高《こくだか》百石につき金二両の割で徴収し、救済復興に当たったと評論家・立花隆氏は「文藝春秋」で述べている。

マグニチュード8・9の大地震だった今回の東日本大震災が六回目であるとすれば、これが地球に非常に強い刺激を与えたことになる。

地殻変動やマグマの移動、変動が起きている。その影響で御嶽山の爆発や西之島の拡大などの現象、三陸沖地震、熊本地震、胆振東部地震等日本列島で毎日のように日本列島は動いているのだ。ここ数年のうちに関連する災害が起きてもなんら不思議ではないことになる。関連する災害が起きる可能性が高い時期に入ったのだと覚悟することが必要だろう。

それでは、爆発回数の多い有珠山はどうなのか。アイヌ語で「イエケレウセグル」（軽石を削り出す山）と呼ばれている山である。

記録に現われてくるのが一六六三年（寛文三年）で円空が登別温泉に鉈《なた》作り観音像を残した年の三年前、その後一八二二年（文政五年）のときは十五センチの降灰があり焼死者多数、馬も焼け死んだといわれている。この噴火の様子はアイヌの人のウパシクマ（言い伝え、伝説）として虻田の遠島タネ[1]さんに語り伝えられていた。もちろんアイヌ語である。その三十年後には現在の「大有珠」が生じたが噴火は数カ月も続いたという。明治四十三年には新山「四十三山」を生み、昭和十九年には「昭和新山」を生んだ。その後、一九七七年、二〇〇一年と爆発し、住民避難が行われ、火山の恐ろしさをまざまざと教えてくれた。そして明治期から爆発時の間隔が二十年乃至三十年と短くなっていることに気づくのである。

火山学者や研究家たちが、日常的にこの山を観察していて噴火の時期を知らせてくれ、住民避難を適切に行って最小限の被害に留めてくれているが、畑が急にむくむくと盛り上がって新しい山ができたり、有珠善光寺（伊達市有珠にある蝦夷三官寺のひとつ）の庭にあるような巨大な石を吹き出すこの山のエネルギーの強大さからは目を離せない。

しかし、この山が噴火をする何日か前から山が鳴り、爆発を教えてくれるとアイヌのウパシクマ（言い伝え）があるのだから、それも教訓として対処することが大切なのであろう。

もし仮に3・11の大地震が有珠山のマグマの動きや地殻変動に強い影響を与えているとすれば、そろそろ噴火を気にしなければならない時期なのかも知れない。

それにしても有珠山爆発の真下で暮らしていたアイヌの人の火山に対する恐れや、身の振り方を言い伝えに残していることを認識し一度読んでみる価値は充分あると思う。

註
（1）遠山タネさんの伝承は虻田の亮昌寺開山百年記念誌に掲載されている。白老の民族博物館には録音テープが保存されている。

〔40〕わが町にも火山があった

「北海道新幹線は何故太平洋側のルートを取らなかったのか分かるか？　それは火山が三つもあるからだ」ともの知り顔で話していた人がいたが、有珠山、樽前岳は思い浮かんだがもうひとつがわからない。

「登別温泉の地獄谷と日和山だよ」といわれ、はっと気がついた。あまりにも見馴れた地獄谷、何種類もの温泉でストレスを解消してくれる登別温泉のホテル群。中国、韓国、台湾各国からやって来る観光客で溢れる登別温泉街。まことに平和な風景である。だから、そこが火山の火口であることをすっかり忘れていたのだ。クッタラ火山群のなかにあるのだった。

二〇一四年十二月二十七日の北海道新聞は「うごめく火山列島」と横見出しで「大噴火どこでもあり得る」の見出しをつけたが、わがことのように思われなかった。

御嶽山の噴火後、三カ月。吾妻山も警戒レベルが上がり、今後もどこかで大きな噴火が起きる可能性があると専門家が指摘した。北海道も十勝岳がレベル2（火口周辺規制）へ引き上がるとのことだった。

産業技術総合研究所の活断層火山研究部門の山元孝弘総括研究主幹は、「今まで静か過ぎた。日本に活火山は百十もありどこで噴火が起きてもおかしくない」と話したという。

地球上の活火山の十パーセントが日本列島に存在するのだそうだ。日本列島の地図上に火山を並べると本当に火山列島であることを実感する。と同時に、原子力発電所をよくも五十三カ所も作ったものだと今さらながら呆れる。3・11以後発電所の位置に活断層が走っているとか、津波対策が曖昧とか規制委員から指摘されているが、建設以前にチェックがなかったのだろうか。経済優先がそれ行け、それ行けで建設してしまったからだろう。

政府は常時観測対象になっている火山、四十七火山（北海道の火山）に防災協議会の設置や避難計画作成を義務付ける方針を固めた。

北海道は大雪山、アトサヌプリ（裸の山）で阿寒の硫黄山、雌阿寒岳、十勝岳、有珠山、駒ヶ岳、樽前山、恵山、倶多楽（クッタラ）の火山であり、吾が町のクッタラ火山は常時観測の対象になっているのである。

今後は防災会議などで、ハザードマップの作成、避難計画の義務付け、緊急の避難場所、経路、情報の伝達の方法、住民や観光客への対応等が議論され早急な対策を迫られることになろうが肝心の市民や観光客にその実感が無い。日和山の前に立って眺めてみても、地獄谷を歩いてみても、これらが急に暴れ出すとはとうてい思われない。そこに永年住み慣れた者の感性なのかも知れない。「まさか、ここが……」との思いが正直な場所だ。一説には登別温泉の熱源は約一万年以上の前にできたといわれ、有史以来、爆発のことが記録されていない。

先住民族であるアイヌ民族の伝承も、地獄谷の主の話であらゆる病気を治してくれるカムイとして語られている。その子どもたちは、長女はヌプルペツ（登別川）、次女は小樽祝津、三女は積丹のお神威、四女は室蘭の絵鞆《えとも》、五女は地球岬、六女は南部の矢越に縁づき各々守護神となったと語られているからだ（『アイヌの足跡』(1)）。今でも残っているのがシッカル湯（目の湯）として薬師湯の名称で親しまれている。

あってはほしくないが、災害は必ずあると思いたい。その前提で対応しなければならないが、まさかのときの相手は、いろいろな国の人たち（観光客）なのだ。

情報の伝達の方法も、ものに書いて置くだけでは効力を発揮しない。客を迎える側だけの意向で準備しても駄目だ。備えるだけ備えたのだと、事後の言い訳のための対策ではだめなのだ。温泉は吾が町にある強力な唯一観光資源であることの現実とともにとても手強い火山であるからである。

註

（1）『アイヌの足跡（増補改訂）』（満岡伸一、白老民族文化伝承保存財団）

〔41〕　アイヌの伝承に学べ

「山が火を吹いたら水を溜めろ！」という伝承がアイヌ民族のなかにあると聞いたことがある。

山が噴火して降灰が激しくなると自分たちの環境が一変する。一九七七年の有珠山噴火のときがそうだった。登別市も室蘭市も激しく降る火山灰に町中がおおわれた。現在は上水道が完備しているが、それでも飲料水を供給している上水場は水面に降り積もる火山灰にはお手上げの状態だった。昔、飲料水は清らかな谷川の水を利用していたが、火山灰は木の葉や地面にところかまわず付着してしまう。飲み水を汲もうにも火山灰が混じり、なかなかきれいにならない。そんな苦労を二度としないよう、先人たちは「教訓」として語り伝えたのだ。

長い歴史を持つ本州ではその地域、あるいは部落に伝わる教訓があって、神社や寺に、それが具体的なかたち、絵馬とか石碑とかに示されているという。3・11の東日本大震災のときもその教訓が生かされたところがあると聞いた。なかでも「津波てんでこ」の印象が強かった。「津波がきたらめいめい勝手に逃げなさい」という教訓が子どもらにも伝わっていた。

何百年も続いた家には先祖伝来の「家訓」があって、それを代々守ってきた。先祖が実体験したことを教訓として語られてきたものだ。

約百五十年前に海を渡ってきた本州の人々は北の国の厳しい自然と戦いながら、開拓で現代《いま》を生きる人たちの基盤を作った。本州の各地から渡ってきた人たちが、明治・大正・昭和と各年代を経て各地の人が混じり合って現在の街となった。本州に比べて歴史の重さが異なるから、この街に残った「遺訓」とかその家の「家訓」など探しようもない。逆にいえば、荒々しい北海道の気候風土は辛うじて持ってきた本州の家訓など吹き飛ばしてしまって、新しい「道産子気質」「道産子風土」を作ってしまったのではないのか。

北海道開拓という大名目には、先住民族であるアイヌ民族無視という落とし穴があり、明治政府は新しい法律を次から次へと作ってアイヌが民族として生きることを否定し続けて今日に至った。平成二十年六月、国会決議をするまで徹底的にアイヌへの同化策を強いてきたのである。だからそれまでこの町に共に住むアイヌの人の文化など一段下に見るか、見向きもしなかったのが本当ではないのか。アイヌ文化振興法が成立して以来、ようやくアイヌの人たちの歌や踊り、文様等が堂々と人前に出てくるようになったのである。

知里幸恵や知里真志保、金成マツらアイヌ民族のなかで一段と優れた人の業績は誉め讃えても、そこでアイヌについては終わっていたのではないのかと思う。民族が語り伝えてきた伝承など、どれだけ尊重してきただろうか。

「恵山見えれば雨近し」「海の近くでうさぎの事しゃべんな」などの伝承は、今も猟師たちに伝わって教訓となっていると聞く。

「大津波が富浦の崖の上まできた」「ホロベツは津波で全滅したことがある」「大津波で舟がカム

イヌプリ（標高七六六メートル）の中腹まで上がった」等の伝説を信じている人は少ないし、知ろうともしなかったから知らない人が多い。かつて郷土はアイヌの人たちのものであったと認識している人は果たして何人いるのだろうかと疑いを持たざるを得ない。

現在、大津波は必ずくると、その予測が公表された以上、私たちは覚悟をしなければならないし、先住していたアイヌの人たちの経験的言い伝えは素直に学ぶ必要があると思う。

過去に大津波が舟をいまの熊牧場（標高五四九メートルの四方領にある）まで押し上げたとの話も伝承だ。自然に対する畏敬の念を持たずに、生活をするのは誠に危険なことであると素直な人間になって生きたいものである。

［42］逃げるしかない！

昭和五十八年九月二十五日、登別市はかつて経験したことのない豪雨に襲われた。富浦地区が孤立しそうだと住民避難誘導のため職員十人ほどを連れて現地に入った。無線機が数台しかなかった時代だ。現地に着いた途端に崖崩れが始まり電柱は倒れ、電線は切れた。災害本部との連絡のため商店の赤電話を手にしたがすでに遅かった。崩れ落ちた土砂がたちまち川口を埋めるとみるみるうちに水が街に溢れ出し民家の床下、床上と浸水して行った。

住民を国道側に待機している車のほうに誘導したが、どうも一軒の家に人がいるらしいとの連絡が入った。二人の老婆が二階で何かを唱えながら塩を播き散らしていた。何度か説得してようやく避難させたが、彼女らの心境はいまでもわからない。人間、生命を賭して右か左かを決定しなければならないとき、諦めか開き直りかどちらかを選ぶだろう。彼女らは腰まで水に浸かりながら助かったのだ。避難を呼びかける放送は聞こえたはずだし、近所の人たちの避難する気配は感じていたはずだ。信ずる神仏にすがって吾が命を救おうとしたのか。諦めではなく、信ずれば救われるという強い信念は一種の開き直りだろう。こちらの誘導になかなか従ってくれなかったが初めての経験だった。

太平洋大地震による津波の予想の高さは十メートルを超えるという。十メートルの波の高さで押し寄せる波のエネルギーの強さは想像もできない。寛保元年の大津波は渡島大島の爆発によるもので海峡に島が出現したことによる津波の発生であった。

当時の松前藩の松前広長は「福山秘府」にその状況を記した。

「震動如山之崩、亦雨白灰黒、砂積地丘深者数寸」とある。そして大津波各地を襲う。海岸のアイヌ家屋全滅、和人死者一四六七人、家屋破壊七九一戸、舟一五二一叟失うと記録したのである。「登別町史」でもこのときのことを記しているが、ホロベツコタン全滅、以後三十年間は人間が住まなかったとある。アイヌの語り伝えでも標高八十メートルの高台でアイヌの男女二人が辛うじて助かったとあり、また、カムイヌプリの中腹まで舟が走った、四方領まで丸木舟が届いた。つまり「山に登った舟」として載せており、その大きさは想像を絶する。富浦の墓地は海面から八十メートルはあるという。「まさかそんな高さまで」と言わざるをえないが、「まさか」という現象が災害だろう。

カムイヌプリ（山の名称、標高七六〇メートル）までの海岸からの距離は直線にすると驚くほど短いのに気づく。地勢と地形によって津波の動きは一様ではない。津波の高さが低いことを祈るばかりだが、いま住んでいる場所の高さが四～五メートルであれば完全にやられる。幌別川や来馬川などの川は津波の走るルートとなることは確かだ。どう考えても登別漁港から室蘭の東町にかけては津波の餌食となるばかりだろう。

では、それがいつくるのだろう。これがわかれば問題はないのだが、いつか突然大きな地震の後、広い太平洋の波を集めて牙を剝いて人間に襲いかかってくるのだ。だから、大地震があって津波の予報が出たら逃げるしかないのだ。

「いつくるかわからない。来たときは、そのときだ」と諦めず、普段から自分の逃げる場所を決めておくのだ。

誰かに言われて逃げるのではなく、普段から決めた具体的な、納得する場所へ逃げるのだ。

幌別中学校のグランドは十六・四メートル。大丈夫なのか。他人様がそこが安全だといっても保証はない。自分で決めるしかないのだ。

不安だったら一歩でも高いところへ行くことだろう。家族みなが揃っているなんて考えられない。自分一人の決断と行動が求められるのだ。開き直って津波に対処するしかないのだ。

〔43〕 女の意地のピリカノカ

ピリカノカ(pirkanoka)はアイヌ語で「良い、美しい、立派だ、美しくなる＝形」の意味である。一九九〇年代に入って、上武やす子(アイヌ衣裳の制作者。数々の表彰を受けている。民族復興運動に積極的に取り組む。生活相談員、アイヌ協会登別支部長、北海道アイヌ協会本部理事、アイヌ文化アドバイザー)さんを中心に、アイヌの女性たちが何かを始めようと二、三人が集まって文様づくりが始まった。

布に針を通したり、紙に下書きをしたり、他の町のアイヌ文様に感心したりしながら何とか作品を仕上げるのがやっとの頃、まったく未経験の者も何か民族文化の一端にでもすがりつかねばとの思いで一針一針を進めた。指に針を刺したり、座ったままの膝が曲がったまま伸びなくなったりするほど、時間と根気の戦いのような雰囲気がただよう場になって行った。

アイヌ民族文化が奪われて百年以上も過ぎたのだ。何とか自分の手でもう一度そこにたどりつくのだ。自分の手を動かすしかその道はないのだと自覚はしなくてもその手が意地となって動いていた。仲間が増え、作品も少しずつ多くなって行くと他人様に見ていただこうと展示会を開くまでに漕ぎつけた。

一九九九年三月の北海道新聞は「第三回登別でピリカノカ展・アイヌ文様美しく」の見出しで載

せた。その頃から「ピリカノカ」がこの展示会の名称となり、やがてこの仲間たちも「ピリカノカ」のネームに誇りを持ち、会員意識も強くなって行った。十年以上も続くと、道南地方を始め、各地の作品も展示され、登別の「ピリカノカ」の名はアイヌ文化のひとつとして認知されて行く。

十年以上も続いた驚くべきことのひとつは、来館者に手作りの昼食をごちそうしたことである。これも大変な作業で前日からの準備、当日の料理。この仕事の担当はピリカノカのメンバー以外のご婦人たちの協力によるもので文字通りの裏方作業であった。

リーダーの上武さんは「腹へってないか、ご飯食べれ！」と声をかけるのがアイヌの習慣であったと言い、「みな忙しくて大変だろうけれど無理にお願いしたの」と言っていた。アイヌのフチ（お婆ちゃん）の暖かい心のうちがこの「ピリカノカ」のなかで見事に実践されていたのである。遠くの町から来た人も、近くの人もこの接待に驚きながら御相伴に預かったのだった。

不思議なアイヌ文様に興味を持った人が増えてくる。その感動を約四百年も前に書き残していた人がいたのだ。一六〇〇年代に日本にやって来たキリスト教宣教師が初めて蝦夷地に足を踏み入れて、日本人とまったく異なる人たちと逢う。いままで見たこともない人間であり風俗を持っていたのだ。

本国へ手紙を送ったポルトガル人の神父は「彼らは同じ布片で縫い込んだ様々な刺繍を用いる。男女とも最も尊重するのが背中の大きな十字模様だ。小さい十字はいろいろなところにつける。古代キリスト教からの伝統と同じである」と。また、デ・アンジェリス神父（児玉作左衛門の北方文化研究報告第四輯にデ・アンテジリスのよる蝦夷報告書について載せている）も「刺繍はすべて十字、またはバラの花形。なぜ十字をつけるのか？　と問うと、いきいきとした快活な人間になるからと答えた。その理由は知らぬ」と。

彼らは、日本人とまったく容貌が異なる人たちが美しい衣裳の文様を身につけることに驚き、そこに自分たちヨーロッパ人とどこかに通ずるものを感じ、しかもキリスト教徒として共通する文化であると高く評価してものだろう。当のアイヌはそんなことはまったく知らぬことであったのであるが。

また、ユカラのなかのポンヤウンペ（小英雄）が、金や銀の鎧を着て悪神と闘ったがどうしても勝てず母の作った文様を散りばめた「アッシ」（衣裳のひとつ）を身につけてやっと勝つことができたと語られている。女の意地で一針一針を刺したピリカノカの展示物には歴史が凝縮されているのだ。

女の意地と母の祈りが込められて美を誇っているのだ。時が経つと、だんだん目先のことだけを考え、技巧が先立つようになる。原点に立ち返りながら、登別アイヌの伝統として継続して行ってほしいものである。

［44］　上武やす子カッケマッ

カッケマッとはアイヌ語で「婦人・淑女」のことをいうが、上武やす子さんはまさにアイヌ婦人としては特出している。

いまから三十年ほど前、私がサラリーマンとしての大詰めを迎えていたとき、退職後に歩む道がまだはっきり決められないでいたが、そんなとき、やす子さんと初めて対面した。彼女は民族復活の手がかりを衣裳づくりに求め始めた頃であったようで、日本人の和服を手にしながらこう言った。

「アイヌの衣裳ができ上がったら、みんなで着て踊りたいの。それが夢です……」

ホロベツアイヌの仲間で衣裳を持っている人はゼロであったのである(何年か経ってアイヌ民族衣装を入手して隠しておいた和人がいたようで、その人がアイヌに返した事実がある)。

彼女はアイヌであると自ら名乗って来る人を対象に仲間づくりを始めて、やがて和人のあいだにも仲間を広げて行った。ホロベツアイヌの文様を作りあげるのにはと。たった一枚残っていた葬式の写真の民族衣装のデザインの模倣から始まったのである。彼女の意欲が燃え立つように火を付けたのは結城庄司であるといってよい。

現職の市長のアイヌ民族無視と横暴な墓地問題に身体を張って告発した結城の指導に感銘し積極的に協力し行動した。アイヌのカッケマツとしてのプライドが黙ることを許さなかった。

「行動しなければアイヌが駄目になる」ことを自覚し、コミュニティの片隅に追いやられて微かに息をしているだけの同族を思いながら仲間づくりを始めたのである。名前ばかりで実体のあるかなしかの支部の改革に乗り出し、自らがリーダーとなり支部長ともなった。積極的に民族復権活動に乗り出し、やがて本部理事ともなるのであるが、アイヌ文化活動の実践としての衣裳づくりとの両方の取り組みは簡単ではなかった。時間との戦いであったし、また生活苦と子育ての悩みの多いウタリのための相談員にもなったのである。

彼女は室蘭育ち、中学生の頃の友人が言う。

「すごく成績の優秀な人、だから皆尊敬していたんですよ」

だから、彼女が主宰した「ピリカノカ」(アイヌ民族衣装展示会)に同級生仲間が六〜七人必ず出席して、無言の応援をしていた。

本部理事になると海外への交流事業等へも、積極的に参加するようになったが、その間も衣裳づくりの手は緩めなかった。洋裁学校で学んだ基礎技術を生かしながら大作に挑戦し、あちこちでその作品の評価が高まって行った。現代名人の一人として讃辞も贈られ、たくさんの表彰を受けた。研究熱心で意欲が旺盛、そして行動力があった。文字どおり、学ばなければならないとき、場所、人のもとへはどこでもいつでも出かけた。

対象は衣裳だけでなくオキタルンペにまで及ぶ。オキタルンペ(ござ)はアイヌの祭事に際してはなくてはならぬものである。その材料であるガマを集め、乾燥させる。仕事量が多くなると、夜が白々となるまで座ったままチカラカラペ(我ら刺繍するもの、木綿衣)にしがみついていた。

「アイヌ復興のための捨て石になればいいの」と八十歳を過ぎた頃のことば。

肉体がきしみ始める。数回の膝の手術、内臓疾患、役職のすべてを後輩に譲る。高校での実技指導も、小学生を相手の文様切り抜きや舞踊の指導も、身体がいうことをきかなかった。

「これを着て小学生を指導してください」と、すべての第一線から身を引くことになったとき一着のチカラカラペを私は戴くことになった。紫紺の布地に絢爛《けんらん》と輝くアイヌ文様、モレウ(渦)とアイウシ(活弧文)は自由自在に羽ばたいているのである。

カッケマツ上武やす子の傑作のなかの一つ。着用するとなぜか背筋がぴんとする。活力が湧いてくるのである。

〔45〕 知里高央への思いを馳せる

二〇〇四年十月二十五日に彩流社から刊行した拙著『風に祈る』に「知里高央のアイヌ語研究」としてエッセイを載せたが今回また書くことにした。

高央は姉・幸恵、弟・真志保のアイヌ語における華々しい存在と違って誠に地味な生涯であった。彼は知里家の惣領として当然登別市にある家や広大な土地(祖父・波エ登が請願、「未開地付与願」により明治三十七年二月十四日に下付された一万五千七十坪、五町二畝の土地、父・高吉は農地、牧場として開拓した土地)の後継者となるべきであったが小樽高商に入学し、サラリーマンとなった。このときから農業の道を捨てたのだろう。幌別中学校、室蘭商業高校、江差高校の教師を歴任。英語教師であった。弟・真志保は東京帝国大学へ進み、北海道大学教授となり、学者の道を歩んだから当然この家へ帰って跡を継ぐ意志など毛頭なかったろう。

高央の子、二人の娘は東京での生活をやめてこの地に帰ってきたのだが、病魔に襲われこの世を去った。二人の娘にはそれぞれ子どもがいたが跡を継ぐ意志もないようで、それぞれ別の地で家庭を持って生きている。高央の二人の娘のうち一人が横山むつみ（漫画家、横山孝雄の妻）で、土地の一部を提供して知里幸恵記念館を全国の有志の寄付によって建て、ＮＰＯ法人にその運営を委ねた。

広大な土地で農業を営まないとなると容赦なく税金がかかる。宅地として何分割かして切り売りを続けたが、何年も経過すると現在住宅のある原始の森にかこまれた宅地も、住む人なき家でこれも容赦なく税金の対象となっている。真志保の子どもたちもこの土地に関与したようだがこれまた、人手に渡った。

幸恵の記念館を訪れたとき、草ぼうぼうの知里家の様子を告げられた。館の運営にかかわっている人とおぼしき人が、「知里家とこの館は一切関係ありません。役場では公共施設か何かにしたいらしいですけど」となぜか強い調子で言っていたが、私には虚しい響きになって聞こえた。知里家が滅びて銀のしずく記念館は残るのか、それも厳しい現実なのかと肯定せざるを得ないが釈然としなかった。

高央は、燦然《さんぜん》と輝く学問の功績を残して死んだ弟・真志保のアイヌ語研究の後を何とか引き継ぎたいとの思いもあったはずだが、アイヌ語から離れた何年もの月日は冷酷だった。彼は金田一京助宛に手紙を書いた。いや、書こうとしたのだろうか。ためらいに満ちた手紙の下書きを娘さんから戴いていた。

「その三十数年も殆ど全然といってよい程にアイヌ語から離れておりましたので記憶がうすれていたし、且つ又、関心もなくなっていたのです。弟の死後、いささかの関心はもちましたが、現在ほど真剣にアイヌ語と取り組むとはおもいませんでした。こうなると無駄についやされた過去の年月がかえすがえすも惜しまれる次第です。（中略）この意味で現在の私は先生の（未熟な一門下生）に過ぎないのです」と書いているが、彼の死後『アイヌ語彙録』となって出版された。彼は死に至るまでアイヌ語の研究に没頭していたのだ。ときどき金田一京助に教えを受けていたものらしい。山田秀三がその研究を「従来の諸著からアイヌ語を収録し独自の研究を加え、アイヌ語辞典を編纂しようとしたものであった」と評価した。

「ザラ紙のカードは真志保がアイヌ語を始めるようになってから彼の希望によって全部、彼にくれてやりました。彼は私がアイヌ語に首をつっこむのを極度に嫌っていたので……」とも書いている。

五十六歳の彼は弟・真志保亡き後、一度捨てたアイヌ語に再び挑戦したが時間はあまりにも少なかった。朝まで書斎の灯が消えることのない日が何日も続いたと娘さんも言っていた。

生命のぎりぎりまで母語であるアイヌ語に挑戦し続けた高央は、失った時間への悔恨と後悔と姉・幸恵、弟・真志保の母語であるアイヌ語への執念に対する羨望が入りまじったものであったろう。その彼の口惜しさにも思いをはせる幸恵のファンの存在を期待しなければならないと思っているのだが……。彼は一九六五年、五十八歳で死亡している。（この原稿が書き上がった二〇一九年九月二日、横山孝雄の死を新聞で知った。）

〔46〕けがらわしや！

「けがらわしや！
　きたならしや
　にくい和人の罰あたりめ！」

非常に厳しいことばである。最大の怒りを和人に吐いたものであろう。和人とは日本人のことである。けがらわしい、きたならしいと言われた日本人は、北前船の船長であり、その下の船員たちのことである。

知里真志保がホロベツで語り継がれていたユーカラを採録したもののひとつである。姉・幸恵が十三編の神謡を世に残したが、それ以外にもまだ伝承されているはずと金成マツから採録したものであり「続・アイヌ神謡集」と称すべきもので、ホロベツの神謡の構造、その他を知るうえで大切な資料であると真志保は『北方文化研究報告』（第九輯、昭和二十九年）で述べている。

拙稿「祖は日高にあり」で述べたが、登別町史に「渡島大島の爆発により大津波起こり、幌別の人家、波にさらわれ無人の廃村となる」と記録されているように、一七四一年から一七六八年まで無人の里となったホロベツも日高アイヌの移住によって再起したものであった。だから、この話の舞台が日高地方であってもおかしくない。日高地方のアイヌが持ってきた文化として金成マツの代まで語り継がれていたものであろう。

前置きが長くなったが、「オイナカムイ夫妻が所作しながら歌った神謡」であるという。オイナ・ソウと題がついているが、オイナとは何者なのだろうか。「天地創造のカムイ」であると真志保は言い、いろいろ呼び方があるが、半分カムイで半分人間、非常に人間に近いカムイで、オキクルミのことと解してよいだろうと述べている。（1）人間世界を創造した。（2）海のなかに入っても膝までしか濡れない大男。（3）ムイをする＝巫術をする（祈り）と具体的な概念も示した。千歳地方ではオイナカムイはイコール、オキクルミではない、と中川裕は古老の言を残している。

私が直接、故黒川伝造エカシ（「エカシのさくら」の話者、アイヌ語の話者でもあった）から聞いたのは、「オイナ一族がいて、その古老が二風谷《にぶたに》、平取のアイヌモシリを見守っていたが老齢になったのでその役目をオキクルミに譲った」というものであった。いずれにしてもアイヌ民族にとっては最高、最大のカムイであり、アイヌ（人間）を見守る最も尊敬されるべきカムイであったのだ。

その偉大なカムイ夫婦が自ら演じて語ったという意味は重大なことである。聞く者に強烈なインパクトを与えたことは想像に難くない。とんでもない和人（日本人）が、何をするかわからない奴らであることを示したものである。

その悪の首領が北前船の船長である。とてつもない大きな帆をあげて大船を操り、京都、大阪の関西方面の綿花の肥料として北海道の魚のかすを俵に詰めて運んだ。また、北海道では喉から手が出るほど欲した米・塩・酒・糸・針・反物等を運ぶ。往復で荷物を運んでの商売は莫大な儲けとなった。この船長には誰もが一目置いた。だから、この船長は絶大な力があり絶対の権力者であり、自分の欲望を遮るものはなかった。

この船長が、こともあろうにオキクルミの絶世の美女の妻に横恋慕し、夫の留守中に手下を使って妻を拉致し、一人息子も殺してしまう。妻は北前船のなかで辛うじて逃れ帆柱に登り、夫のオキクルミの救いを待つ。神の力を使って非常事態を察したオキクルミは船の底に穴を空け船を沈めてしまう。船長が妻に襲いかかってきたとき、必死に抵抗しながら吐いたことばが、「けがらわしや！　きたならしや！」だったのである。

もちろん、神の力を使って息子も死から復活し、オキクルミは元の生活にもどる。オキクルミを主人公にして語らせたこの神謡は和人の傍若無人の振るまいがオキクルミまでに及んでいる危機的状態を語ったものであったろう。侵略者の最たる者が北前船の船長だったのか。

[47]　野村義一の願い

一九六四年から八期三十二年間にわたってアイヌ民族の先頭に立ち、国連にまで出かけて先住民族であるアイヌの先住権獲得のために奔走した野村義一の足跡を否定する者は皆無だろう。

彼はアイヌ差別の陰にある現実として、経済的格差、劣悪な生活環境、教育水準の低さ、これらを改善して行けば、最後は意識が残るだけだ。人権問題は和人の方から意識を変えなければならないと言い(苫小民報「先輩たちの物語」五八二〜五九四)「アイヌ新法がいらない時代」がくるのが願いだとして、「人種差別の撤廃、対等の経済力、教育のレベルアップ、意識改革が達成できたそういう時代になればアイヌ新法はいりません、とも述べた。

彼が主導したアイヌ新法の原案は、「アイヌ(当時はウタリ)協会十人の特別委員会」(一九八四年)で審議され「アイヌ民族に関する法律案」として総会決議されたものであった。その根本となるものは「民族自決権」であり、自然との共存および話し合いによる平和であった。当時、新法について具体的なアイヌ同士の話し合いの記録が残っていてアイヌの本音が吐露されている。対談の相手はこれも民族復興のために闘ってきて同胞《ウタリ》の信頼の厚い貝沢正である。

二人の対談は一九八六年十二月、白老町の旅館「みやかわ」で行われた(草風館主催)。

一九九一年五月の国際人権デーで、エリカダイスが「アイヌ民族はあらゆる保護を受ける権利がある」と演説する五年も前のことであることに留意したい。

貝沢は「アイヌ新法」の基本は補償の要求であると主張した。四百年も差別され虐待されてきた歴史に対する補償要求が根幹だとして、特にその植民政策であると指摘した。「大きく伸びる木を伐り、魚を獲り尽くし、石炭を掘り尽くし、朝鮮半島、中国へ侵略して行ったのも北海道でのアイヌ民族、アイヌ地への侵略の成功が原動となった」と、失われた歴史への補償を根幹とすべきであると述べたものである。

野村も「新法を要求して政府が通さなかったら、最後のチャランケ（抗議する）として、千島、カラフトをアイヌに返せ、北海道のシャモ（日本人）は海を渡って帰れ！」と鋭い言葉を吐いている。いまから約三十年ほどまえのアイヌの指導者たちの意気込みがどれほど高いものであったか知れよう。国際的にアイヌ（先住民族）は、あらゆる保護を受ける権利を有すると言われ基本的人権、参政権、教育・文化の農商工業における差別の撤廃を求め、民族自立化基金の創設を高らかに要求したのであった。

しかし、日本政府主導のアイヌ新法制定のための有識者会議なるものの議論の行く末と、アイヌ協会の理事長（野村義一亡き後）の変遷、流れる年月。野村たちが抱いたアイヌ新法とはほど遠い法律が成立してしまったのである。「先住民族と法律で明確に制定したことを評価する」と現在のアイヌ協会幹部の言（北海道新聞）。

二〇一九年九月四日付、北海道新聞は「北海道が鮭の採捕の許可申請を出すようにと再三指導したのに無視された」として、紋別アイヌ協会の畠山敏会長を告発したと報道した。

畠山氏は「北海道や警察の動きなど気にしない。先住権を勝ちとるための戦いだ」と言っているとのことである。先住民族であるとアイヌを認めた以上、民族の儀式を行うための鮭の採捕は当然認められるべきだ。なぜ、許可願を出して、許しを待たなければならないのか。アイヌ新法成立以前を何も変わらないではないか、との言い分が見えてきそうな気がする。

野村義一がアイヌ新法がいらない時代が早くくることを願望していると述べたのは、先住民族であるアイヌの存在を日本人が等しく認め、経済的にも社会的にも文化的にも真の共存ができる社会を望んだからであったのである。それはさらに遠い先のことなのであろうか。

〔48〕 孫への手紙

明治維新から始まった北海道開拓のことを調べると、当時の開拓の旗を振った開拓使を始め後の北海道庁、各市町村の記録が多く残されていても個人のものは少なく限られている。なかでも先住していたアイヌの人たちは古来、文字を持たなかったから文字による記録は皆無といって良く、辛うじて日本の学校教育を受けた者の何人かの日本文字によるアイヌ記録が残るだけである。だから、その場所にアイヌの人たちが共に住んでいたにもかかわらずアイヌ無視の記録が残るだけで、アイヌ社会は「和人社会」とは別の存在としてあって人無きが如く歴史のなかで存在するだけであった。しかも和人社会の記録は役所への届け、役所の政策、政府、開拓使、北海道庁の規制、方針等への対応策が多く、それが最も信頼されるものとして語られてきた。

いつの世でも変わらぬ権威に対する忖度、弁明、誇張等で格式張ったものになっている。そこには民衆の顔が見えてこない。行政あって住民無しの感さえする。

そんななかで、個人の日誌や手紙は人間の心のつながりが見えて、ほのぼのと暖かい。しかし、これがわが目で読むことははなはだむずかしいのだ。つまり、個人の心のうちを覗くことになり、秘められる性質のものだからである。

そこに真実があるのであるが、なぜか公の場では、個人のものとして重要視されない、無視さえされてしまいかねないものである。私は最も重要視されるべき文献であると思うのだが。つまり、人間の本音が見えるからなのだ。

ホロベツ開拓の祖といわれる白石藩主片倉小十郎の家臣、日野愛憙《ナルヨシ》の孫にあたる助川徳子が愛孫、厚文くんに当てた手紙の文章を登別郷土文化研究会発刊の「ぶやら」（昭和四十六年三月三十一日）で読むことができる。祖父の日野愛憙が主君片倉小十郎の授爵《じゅしゃく》（日本の貴族階級を証するための公・侯・白・子・男の五つの爵位があった。それを得るための運動）のために書いた「片倉家北海道移住顛末」のとうとうたる美文、名文と異なって極めて庶民的、人間的な文である。

初めてこの地に入ったとき、アイヌの人の家を真似て家を作ったことや、食のための農耕、これもアイヌの人が師であった。松前藩はアイヌに農業をさせない方針であったが、ホロベツアイヌには畑作を許していたからである。川で鮭を獲る方法も鹿の食べ方もアイヌに学んだと書いているのである。また、樽前山の噴火のときの様子を次のように書く。

「……山鳴りがあって、おばあさん方は何がおこるのかと心もそぞろでおられた折にアイヌの人々がなにか口ぐちに叫びながら物という物、器という器に水を汲んでいたそうです。そのうちに大きな山鳴りといっしょに樽前山が物すごい勢いで火を噴き、そのありさまは口にも筆にもあらわせなかったそうです。そのうちに井戸といわず、川といわず一滴の水も無くなり、おばあさん方はただどうすることもできませんでした。その時、アイヌの方がたから水を恵まれたうれしさはいつまでも忘れられない……」と。

また、キリスト教が広がると、俄《にわか》信者になった人たちが宣教師を連れてやってきて、郷里から持ってきた仏壇のお供え物もおろし、キリスト教のお祈りが始まるとたいへん悲しかったとも書かれている。ジョン・バチラーのキリスト教布教は、アイヌのあいだにも片倉家中にも広がって行ったのである。片倉家重臣日野家の転宗は開拓者たちにとっても重大な波紋となったはずである。

先祖伝来の仏教を捨てるほど、この大地を開くという野望は、否応なく人間に降りかかってくる大自然の力のまえに吹き飛んで行く。仏に祈ろうと、先祖の霊に祈ろうとどうにもならない。絶えることのないうんか(ウンカ科のセミに似た五ミリ大の害虫)の大群を払い除けながらも、この西洋人の説く、神キリストに命運を賭けたのであろう。

生命を賭けた開拓者の苦悩や、アイヌとのかかわりはこの孫への手紙によって知ることができたのである。公の文書等では決して学ぶことのできないものであった。

〔49〕「他に選択肢はない」のか

第一原発敷地内に林立する原発施設の処理水タンクの新たな設置場所はなく、お手上げの状態のようだ。汚染水の処理については早晩敷地外処理をしなければならないことは明白だ。だから、環境大臣が任期終了間際に「汚染水処理は海に放出しかない[1]」「他に選択肢はない」（北海道新聞、二〇一九年九月十一日）と発言した。放出については、原子力規制委員会でも支持している現状をバックにしたものだろう。当然、全国の漁業団体、特に福島の漁業関係者は反対を即座に表明した。いわゆる「風評被害[2]」を警戒してのことだ。慌てた官邸筋からは政府として処理についての見解は出していないと否定した。

　予想される放射線被害を受ける魚貝類を食糧とすることへの警戒感は、隣国の韓国を始め世界各国の目は厳しい。汚染水（放射線を大量に含んだ水）を流した海で育った魚貝類となると皆も手を引くことは容易に想像つく。いまよりもっと厳しくなることは必至だ。「他に選択肢はない」の発言は厳しい反発を充分覚悟してのことだろう。現実に直面している汚染水処理だが、まだ放置されているのに等しい土壌を始め、汚染まみれの物質、さらに予想されるガラス固化体といわれる高レベル放射性廃棄物、使用済核燃料等、恐るべき放射性物質を持った、いわゆる原子力発電に伴う「核のゴミ[3]」の処理についての見通しは、未来に委ねたかのように現状では明らかになっていない。あたかも安心であるかのように信じこまされてしまっている。だから突然、現実のこととして発言するとみな慌ててそれを否定してしまう。「風評（世間の噂、とりざた）として根拠のないこと」を伴うことが漁業者の息の根を止めかねないからだ。

　けれど、いつまでこんなことが続くのだろうか。知らないふりをしたって約五十個もある原発もやがては廃炉にしなければならない建造物なのだ。だから、期限も決められている。いずれそのとき、また放射性廃棄物処理の問題は必ずくるのだ。現実にそれは遠いことではない。それなのに、日本国民の反応の鈍さは何なのだろうか。不思議でならない。

恐ろしい天然痘が北海道に上陸して先住者アイヌに襲いかかった歴史の事実がある。無力なアイヌの人たちはこの恐るべき病魔と戦ったのである。記録では一六二四年に松前藩で流行してから一八五七年(安政四年)江戸の医師桑田立斉の種痘まで約二百五十年間、何年かおきに大流行したものらしい。

家・親・兄弟を捨てて逃げた。コタンは全滅する(tukotan)。人間以外をカムイとしたアイヌはこの恐るべき天然痘もカムイであった。最も恐るべき悪い神(ウエンカムイ)である。だから「シカトルケカムイ」と呼んだ。「うんこの形をしたカムイ」として最も嫌なカムイだったのである。「パコロカムイ」「伝染病のカムイ、ものをくさらせるカムイ」と、このカムイは義兄弟で、この二つのカムイがなるべく、自分たちのコタンに近づかないように祈るばかりであった。

この二つのカムイが遊行すれば大変なことになる。鳥の形をしているこのカムイたちはどこから飛んでくるかわからない。人間生活を一変させる力を持つ強いカムイだから粗末に扱うことは許されない。しかし、絶対に来てほしくない。アイヌたちは村境にうんこを置いたり、ギョウジャニンニク、キキンニ(ななかまど。エゾウワミズサクラ)、ヨモギで作った人形など臭いの強いものを置いた。それでもやって来る。高熱で人の顔は一変し、呻き声が充満する。ばたばたと人は死んで行く。顔に鍋墨《なべすみ》を塗って山中深く逃げるしかなかった。ホロベツでは「私たちはイヤブ翁[4]の子孫ですから近づかないでください」と家の屋根に草で作った鳥の形をしたものを置いて祈ったとの伝承がある。

私にはヨードを配布する自治体職員が一軒一軒をまわる姿と、時のアイヌの姿が重なる。そして「それしか選択肢はない」の本音を慌てて打ち消し、漁業関係者が文書で抗議する。

一時、何事もないような空気が日本国土を覆う。種痘のような妙薬が必ず発見されるだろうと淡い期待を持ちながら。そんな時間がいつまで続くのか、原子力発電を作る者たちの罪は大きい。

註

（1）「汚染水処理は海に放出しかない」

「環境への汚染」「ＨＡＩＲＯニュース」(三一号、二〇一九年九月十日、泊原発の廃炉をめざす会)。原告意見陳述書、令和元年八月二十日、原告北上雅能の「環境への汚染」より

「冷却水として環境に放出される放射能性物質は、沈殿や対流を繰り返しながらより広い外洋に拡散し続けていきます。原発周辺域の放射線量が仮に基準以下であったとしても、膨大な海水によって希釈されただけで放射線量が半減したわけではありません。家の前のゴミをとなりの敷地に移したようなもので量としては変わらず、海洋全体では蓄積して続けているのです」

（2）「風評被害」

「よく使われる『風評被害』という言葉も正確ではありません。原発由来の放射性物質はそこにある訳ですから」(真実をあざむくために、あたかも無かったかのように言うときに使われる言葉である。本当にそうなのか疑ってみる必要がある)(富樫見解加筆)

（3）「核のゴミ」

右出典同書。室蘭工業大学名誉教授、宮尾正大氏寄稿「核のゴミは『地上管理』で」より

「問題は核のゴミです。使用済み核燃料はギロチンで裁断され硝酸で溶かされます。ここから化学処理でプルトニウムとウランを取り出しますが、その後に溶液が残されます。あらゆる核の燃えかすが溶けている溶液です。液体は危険なので乾燥させその灰をガラスに固めたものが核のゴミです。ちなみに蒸発した水は強烈なトリチウム汚染水で福島でも問題になっているように処理方法がありません。薄めて海に捨てています。再処理工場では大量のトリチウム水を排出するのです。出来たガラス固化体に人が近づけば二十秒で死にます。そこで厚さ二十センチの鋼鉄製の容器に収め三十～五十年かけて冷やします。その時点で放射線のレベルは近づけば数分で死ぬレベルです」

（4）　イヤプ翁

イヤブ（iyap）〔沖から陸に上がった〕

イヤプ翁についての伝承がある。（金成マツ）ホロベツの金成家（明治期ホロベツのアイヌの代表である金成喜蔵の一族、金成太郎、金成マツ、知里ナミ、知里幸恵、真志保当の英才を一門に持つ）の祖といわれ、知力、胆力、体力も優れたカムイエカシ（神の力を持った長老）といわれた。日高の沙流地方から来た人であるがホロベツはもとより白老のアヨロコタンまでの人に人望があり、コタンコロクル（村長）でもあった。

あるとき、東の方（十勝地方）の人たちが函館方面へ交易に行っての帰り道、アヨロコタンの舟だまりにたくさんの舟を連れて寄港した。そして舟人たちに食事を与え酒宴を開いて慰労するからと食器を貸してくれるように申し込んだ。三日間も休養し帰るときに食器を返したのだが、彼らのなかに函館でホウソウを患った者がいて、その者を秘かにここに捨てて行こうとしていたのだ。そこで彼は供した食器に患者の膿汁をすりつけて返したのである。そのためアヨロコタンの人たちはたちまちホウソウを患って次から次へと倒れてしまったのである。十勝アイヌの仕業と知ったが後の祭りであった。カムイエカシのイヤプ翁もとうとう罹患してしまったのである。彼は死の直前、六つの削り掛けのついたイナウ（iwan kike us inaw）を作り、それを手に持って祈り始めたのである。するとイナウは空中に飛び上がり、東の空へ飛び去ってしまった。そのイナウが大空を飛ぶのを白老や社台の人たちが見たのだった。しかもそのイナウが、美しい声でチャランケの声（文句をつける、談判するの意）を発しながら飛んで行くのを眺めたという。

その頃、十勝のアイヌたちは急いで帰るべくム川の沖を舟で走らせていたのだが、暗闇のなかからカムイエカシの朗々たるチャランケの声が聞こえてきた。そしてたちまち大波が起こり、多くの舟は一艘残らず海のもくずとなって消えてしまったのである。だがそれでも、そのイナウは海岸の林のなかに止まって、なおぶつぶつと談判の声を発していたという

（富樫現代風に補正）。

このカムイエカシであるイヤプ翁の子孫であることを祈りの言葉で述べて、「私どもは鳥の血を引くイヤプ翁の子孫だから他人と思わないでください」と祈ったと金成マツ談が残っている。新年の挨拶でも長老が「一年間、ホウソウにかからないよう、多くのカムイに祈ろう」と、年始に一番先にそのことを話したと語られている。


［参考文献］『知里真志保著作集』（平凡社、二巻、二二二頁、別巻十一、三五〇頁）、「登別町史」（カムイエカシチャシ、一一五八頁）

［50］「どうして学校でアイヌの勉強をするの？」

「どうして学校でアイヌの勉強するのですか？」との質問は、「アイヌ文化を学ぼう」のタイトルで小学校での出前授業のときの小学校三年生の質問である。

「しなければならないのですか？」という質問の重みがその口調から感じ取られた。その子自身の声なのか、両親の声を聞いてそのまま疑問を声にしたのかわからなかった。

私は一瞬返答に困ったが、次の答えが口から飛び出してしばらく止まらなかった。

「北海道の山や川、町の名前などのほとんどがアイヌ語だということを勉強したね。それは北海道のあちこちにアイヌの人たちが自分たちの言葉で生活していたことになるんだね。ところが、いまから百五十年ほどまえ、たくさんの人たちが海を渡ってきて、自分たちの思うまま勝手な行動を始めたんだな。アイヌの人たちのことばを使ってはいけない。お祈りをしてはいけない。アイヌの名前を日本人の名前にしなさい。勝手に川で鮭や魚を獲ったり、鹿も獲ってもいけない。アイヌの住んでいるところは日本の国のものだなどとアイヌの人たちをイジメたんだね。長いあいだ、イジメ続けたのだ。しかし、いまから約四十年ほどまえから、そんな馬鹿なことが行われる世の中は駄目だ、アイヌの人をイジメル社会であってはならないという運動が起きて『アイヌの人を差別してはだめ』という法律が日本の国で今年になってようやくできたんだよ。二十年ほどまえからアイヌの人の文化をきちんと理解することが大切だ、そのために学校でも勉強しようということが決まったんだね。でもね、先生たちも大変なんだよ。日本ではアイヌを無視してきたからアイヌのことについて学校ではほとんど勉強してこなかったんだ。だから、先生たちも初めから勉強しなければならない。私たちはその手助けのひとつとして来てるんだよ」

　私の話の途中から教室内は異常な静けさになった。呼吸さえ止まっているのではないかと思うほどだった。おそらくこの子たちは「イジメは一番良くないこと」だと先生から強く指導されていたからだろう。発達障害のある子がときどき奇声をあげたり激しく動き出すのも認め合っていた。子どもたちの暖かい心のなかで抱き込んでいてひとつも不自然さを感じない教室であったからだ。

「アイヌ文化を学ぼうという今日の勉強は、みなが感じ、学び取ったことをもとにして興味があればもっと深く勉強してほしい。アイヌの人たちと一緒に明るい社会を作っていってほしいと思うからなんだよ。地球がウレシパモシリでみなで育て合う大地なんだ。たくさんの人種の人たちが仲良く生きて行ける地球になってほしいね」

私の話は力が入っていた。

授業後、私のまわりに子どもたちが集まってきた。紙人形に触ったり、舞台の仕掛けに興味津々。「ぼく科学者になるんだ」「イジメた奴をやっつけてやるよ」それぞれ勝手につぶやいている。

後日、子どもたちの感想文が届く。アイヌ文化の体験にどれほど子どもの心が動いたのか、紙人形劇、アイヌ文様の切り抜き、舞踊、それぞれに初めてのアイヌ文化との接触、体験による感動が紙面から伝わってきた。しかし、私は自分の心のどこかに湧いてくる蟠《わだかま》りが解けないことにいらだっていた。

「なぜ、海から渡ってきた人」と言ったのか。「君たちのおじいちゃんやひいじいちゃんたちなんだよ」と言えなかったのか。子どもの発達段階に応じたと弁解する逃げがなかったか。この子どもたちは、はっきりと日本人、日本人社会が、人権侵害を続けたのだと学習するのはいつなのか。そのとき、教壇に立つ教師はその誤ちを平然と行った日本人の一人として謝罪の気持ちを持って授業ができるだろうか……。

私は自分のやっていることが正しいのか自問するのみ。誰も教えてはくれない。切なかった。

[51]　アイヌ学校設立の願い

一八七七年（明治十年）金成太郎は室蘭常盤学校に入学した。アイヌとして最初の日本人学校の生徒となった。それから三年、常盤学校の分校を幌別に設置。翌一八八一年、幌別小学校としてスタートした。一八七二年(明治五年)、明治政府太政官布告による小学校が九年目にして北海道のホロベツで誕生したのである。片倉家中、矢内信宅を増築した校舎ではあったが……。

その年、明治天皇巡幸のため、ランポッケ(富浦)の道路十八キロの改修が行われ、片倉家中もアイヌと総出の奉仕作業であった。さらに、天皇の巡行をアイヌが正装して迎えることと、屈辱の籠担ぎを命ぜられたが、明治天皇にアイヌ民族の確かなる存在を認知してもらうため黙して従った。

明治天皇は北海道巡行を終え、アイヌ子弟教育のため千円の御下賜金を決定した(一九九七年の旧土人保護法廃止までこの御下賜金の使途は迷走した)。

常盤小学校初代校長・安田貞勤は、アイヌ民族の一人としての金成太郎の才能と努力が学業成績の結果として花開き、札幌師範学校に入学し、開拓使(現北海道庁)の役人・三吉笑吾に認められ、優秀な学生として特別に扱われている実績からもアイヌも教育すれば必ず良い結果が出るとの確信のうえ、アイヌ学校設立の必要性をコタンの有力者たちに説いた。

安田の説に共鳴した片倉家中の斉藤良知も共にこれに当たった。幌別小学校で日本人(和人)と混在した教育よりも師範学校を卒業して教師の免許を持った金成太郎を迎え、アイヌ学校としてスタートすることがアイヌが積極的に学ぶ学校となり、それは最も理想であるとの安田貞勤の信念による働きかけであったろう。教育者安田貞勤には「民族学校」としての理想がなかったとは言い切れまい。アイヌ語での学校教育が当然行われるからである。

「幌別村旧土人学校設立□□《ママ》嘆願書」は、幌別アイヌの強い意志を明確に伝えることにあった。明治天皇がアイヌ教育のために御下賜金を下されたいま、アイヌ学校として歩み出す意志ありとの強い決意でもあった。幌別小学校で片倉家の子弟と共に学ぶことを、風俗の違い、経費がかかる等の理由で拒む者が多くては、折角の明治政府のアイヌ皇民化策に背を向けることになる。アイヌが文明開化の流れに置き去りにされてしまうと述べながらも、その「設置法」には現状のアイヌが「アイヌ学校」で学ぶことによって、何とか前途を明るく希望の持てるものにしていくのだとの願望が隠れているのが見える。

　学習内容の修身、読書、算術は同化されてもかまわないとの意志の表われであろうが、農業、養蚕の技術は、圧倒的に押し寄せる日本の産業形態に少しでも早く溶け込み、技術を身につけて日本人と対等になるための緊急の課題であったからだ（「皇民策に積極的に応じようとした幌別アイヌ」としての批判はある）。だから、学習意欲のある者、すべてが登校する学校づくりが必要だったのだ。維持経費はアイヌがその資産に応じて分担し、極貧の者からは徴収せず、品物でも良いとし、また篤志の寄附も期待するものであるとしているのである。

　この嘆願書を吟味すると、幌別コタンのアイヌの総意でひとつの行動の指針を示したもので、受け取った札幌県令・大書記官とも、異民族対策として安易な対応はならずと、ある種の戦《おのの》きさえ感じたはずだ。明治十五年といえば西南戦争が終わってまだ五年ばかり。明治政府への不満分子の北海道への潜入の情報もあり、その対策はまだ続いていたのである。

幌別旧土人総代金成喜蔵は五十歳、シケランケ・チリハ・ハウンテ・シハウ。コタンの代表として錚々《そうそう》たるメンバーである。そのなかの一人、志家芝九郎が明治二十八年に撮影した写真を見ることができた。アイヌ民族衣装で正装した堂々たるアイヌネノアンアイヌ(男のなかの男)である。アイヌ語名シハウクルと添え書きもあった。

アイヌ学校設立の願いは皆並々ならぬ決意であったのだろう。しかしその願いはむなしく消されてしまったのである。先住民族を日本人とする強い圧力のために。

〔52〕 者某《シャモ》国家

「桜を観る会」、俗に言う「モリ・カケ問題」は、日本国家、政府のトップの座に居る人に関係したもので、日本中の人々の関心を集めた。

そこで目にしたものは、聞いたことに対してまともに答えようとしないことや、無かったことにするため、文書を破いて捨てたり、改竄するなど、その人のために、一流大学を出た人たちが知恵をしぼって問題の核心に触れない答弁をしている姿を国民大衆の目に晒《さら》したことだ。本当のことを言ってないことは誰にもわかるのに、本人たちは必死のようで誠に哀れだ。

さらに、政府と深い関係のある公社や機構、官僚の天下りの会社等の不正、不適当な事案が次から次へと、果ては大臣、代議士も。民間会社のでたらめも、どれほど、国民大衆の前で「信なき国家に蠢《うごめ》く群衆の為体《ていたらく》」を見せたことか。国民はもう諦めているのが本当だろう。

しかし、不思議なことに選挙が行われてもその体制は一向に変化が起きない。我らが大先生の笑顔の前で精いっぱいの声で万歳をする。赤いバラの花が名前の上に付く。「選挙は別ものさ」の声。それが常識になってしまったのか。

この国には、モラル、道徳などは死語で、教科書のなかだけのもの。政治家は当選のため、企業は営利のため、人の見えないところではどんなことでもＯＫでまかりとおる。インチキでこの国は支えられているのか。だが、大衆はそれでも国家、政府に期待せざるを得ないのだ。アイヌ民族の悲願の「アイヌ新法」の実現もそのひとつだった。

一九八九年五月、「アイヌ民族に関する法律（アイヌ新法）」が当時のウタリ協会の総会で満場一致で承認された。①差別の絶滅を基本理念として、②特別議席の付与、③教育文化の振興、④経済対策、⑤自立化基金、⑥アイヌ民族政策審議会の設置等の内容であり、北海道、北海道議会、ウタリ協会（現アイヌ協会）の三者一体の要求であった。先住民族対策としての権利の復活は世界的な流れであり国連においても注目されていた。アイヌ民族に対する差別の事実は明治以降、法律、条例、規則等によって明文化され確実に残っているから、アイヌは民族の要求は直ちに実現するだろうと思った。変え難い証拠があるからだ。

ところが一九九七年、「アイヌ文化振興並びにアイヌ伝統等に関する知識及び啓発に関する法律」、俗に言う「文化振興法」が成立し、研究、推進機構が作られ予算（国・道・市町村）が付けられ動き出した。要求していた法律のなかから文化のみが摘出された感じは否めなかった。「文化という人参が目前につり下げられた」と本来のアイヌ新法の要求が霞むのではないかと危惧する声も聞こえたが、文化振興の動きは多様なかたちをして静かにじわじわと広がり、それが当たりまえのことのように二十年の歳月が過ぎてしまった。そして二〇一九年、「アイヌの人々の誇りが尊重される社会を実現するための施策の推進に関する法律」が成立した。三者一体の要求がすっかり姿を変えて、莫大な金額で国立博物館、関連施設、アイヌ人骨の慰霊施設の箱モノができ、年間百万人の集客を目標とする「ウポポイ」が完成した。アイヌ文化振興の具体策を実行する自治体には予算を交付するとのこと（旅人の荷物運びや見学用のための地域交通バス購入のための経費にも交付された）。

　きわめて民主的なかたちを作り、各界の意見を集約した（アイヌ協会の意見も入ったという）ものを基に法律は作られた。者某《シャモ》[1]国家を挙げて最高の知恵を働かしたのだろう。十五世紀の「新羅之記録」[2]のなかに「者某」という言葉が出てくる。本来はアイヌ語のシサム（隣人）の転訛だ。「隣人である日本人はアイヌにとって良いことをした者は少なくアイヌの生活をこわしてしまいました。軽べつの意味で日本人はシャモと呼ばれた」と知里高央も記している。

　アイヌ協会の代表者も一歩前進と反対はしていないが。当初の燃えるようなアイヌウタラの要求は水をかけられたように姿を消してしまったことは事実だ。ここはシャモ国家なのだからか。

註

（1）者某《シャモ》

『アイヌ語イラスト辞典』(知里高央・横山孝雄共著、蝸牛社)より、「日本人 = shisam syamo」
「シサム」は本来、隣の人という意味でしたが、しだいに隣国人、和人、日本人の意味に用いられるようになりました。しかしアイヌモシリに渡って来た日本人で、アイヌにとって良いことをした者はまことに少なく、ほとんどの者がアイヌの生活をこわしてしまいました。ですから、日本人は軽蔑の意味をこめて「シャモ」と呼ばれるようになったのです。

(2)「新羅之記録」
『シャクシャインの戦い』(平山裕人、寿郎社)より
「新羅之記録」は江戸時代の初期、一六四六年に書かれたもので松前氏の発祥について記した書で、神話的な伝説から始まり、やがて松前藩の成立までを説明している。日本史でいえば『古事記』に当たる書である。朝鮮半島の三国のひとつ新羅王朝と一定の関係がある。十五～十六世紀の文献で渡島半島について系統的に書いている唯一の書である。

〔53〕 アイヌ文化振興策は観光政策なのか

アイヌ施策推進法にもとづく「アイヌ文化地域振興策交付金」なるものが希望する自治体に追加交付決定されたと新聞に報道された(北海道新聞、二〇一九年十二月二十四日)。

知里幸恵・金成マツ・知里真志保らの出身地である登別市も、この追加交付金の申請をして交付の決定があった。登別市の有志は、先のアイヌ文化振興法の成立以前から先駆者のアイヌ文化の取り組みの数々を評価し、アイヌ協会の組織の立て直し、シサムと共同でアイヌ伝統行事の復活。知里真志保を語る会の結成、著書の発刊、銀のしずく館建設等、多くのシサムの協力を得ながらアイヌ文化振興のための具体的行動を行ってきた。地味ではあったが一歩一歩確実に行われた民衆の運動であった。そのひとつとして、女性たちの民族衣裳制作の取り組みとなって実現し、アイヌとシ

サムも和気藹々のうちに定期的に集まって民族文化の運動となって結実したといって良い。

さて、今回の追加交付金について確認しよう。

この交付金は「アイヌ文化振興策」のためのものである。「五三五万四千円」とのことである。市が申請した内容が「文化振興策」であると国が認めたものであることにまちがいない。その根柢には、アイヌは日本人とされて日本人社会で生活していて独自の文化を持っているが、長いあいだ日本社会、日本人によって差別され、無視され、消えかかっていた。その復興(文化振興)のために、自治体が策定した事項を認め、交付金を分配するものと私は解釈したい。

具体的な内容を見てみよう。

(1)登別駅で実施しているポーターサービスに従事する者にベストを着用させ(約十着)、そこに白老町の民族共生象徴空間(ウポポイ)のPR用ロゴを加えたものを作り宣伝する。

このポーターについて少し詳しく述べると、登別を訪れる外国人観光客が大きな荷物を何個も持ってくる。老朽した跨線橋の階段の上り下りがたいへんだからエレベーターもしくはエスカレーター付の跨線橋を設置すべきなのだが、JR北海道との兼ね合いと予算、地盤の構造上の問題で実現が先送りにされている。

そこでポーター策、何とかこれに予算をつけたい。非常にもっともらしいが、実際には平均すれば一日二百個余、上り下りの特急二十回、一回につき十個余りの荷物の運搬なのである。今年度は一月十七日から二月十八日までの三十三日間、中国の春節、札幌雪祭りに合わせた外国人観光客相手のためとみてよさそうだ。

(2)小型翻訳機を八台購入する。中国、韓国その他、外国人相手のものだ。通訳の代わりにしようというもので、「八台」導入の根拠はどこからきたか。

(3)「ウポポイ」宣伝用看板をインターチェンジと市内四カ所に設置する。

さらに、先に決定しているのは登別温泉宿泊客等を対象に道南バスを特別仕立てで白老町まで走らせるための経費は別枠とのこと。

また、仄聞されるのは来年度の事業計画として、登別駅近くの市有地にアイヌ文化の情報発信のための箱モノが作られるらしいとのことである。市の言い分は「外国人観光客の受け入れ環境整備とアイヌ文化の発信をいっそう強めたい」(北海道新聞、二〇一九年十二月二十四日)とのこと。何ともっともらしい言い分ではないか。

「ウポポイ」の宣伝を十人のポーターのゼッケンや、五枚の看板設置がどれだけのアイヌの文化振興策なのか。国立博物館としての関連施設は想像するだけでも素晴らしいものなのだから、そこにはアイヌの文化遺産や、現代の名人たちの衣裳や彫刻の数々が展示されるだろう。年間百万人の来場者たちが見学されるだろう。そのことがアイヌ文化振興の方策であることはまちがいないと思うが、地方自治体にはもっとも重要な政策があるのではないか。

そもそもアイヌの生活文化はコタンにあったのだ。コタンに独自の文化があったのを日本人、日本国家が破壊したとの認識に立っての政策であれば、その場しのぎの観光のためのコジツケなどできなかったはずだ。アイヌ文化に対する認識をあらためて問いたいものである。

[54] アイヌの生血も狙われた

二〇一九年十二月、平取町の友人から一冊の本が送られてきた。十二月二十日に発行されたばかりの『狙われたアイヌ民族の血液――ケンブリッジ北日本遠征調査隊(一九六四年)を中心に――〈資料と研究ノート〉』(著者・手島武雅)である。

アイヌの生血が狙われ、研究材料にされた話は聞いてはいたが、一冊の研究書として手にしたのは初めてだったので動悸が高まった。日本の医者や人類学者、研究者ばかりでなく、海外の研究者たちが地球上の先住民族に目を向け、研究・学問的調査として各国に赴き、生血を抜いたのである。それが当たりまえのような時代であった。手島武雅氏は、血液を取られたアイヌの一人が「自分の血液が何に使われ、その後どうなったのか知りたい」の声に答えることが目的だったようである。

一九六四年、日高地方のアイヌ約二百人の血液が採取されたが、誰がどのように研究したのか、何のためか、その後どうなったのか詳しい資料を日本語に翻訳して書かれた論文である。今後も研究が深められ完結されることが期待されるものである。

読み進めるうちに、狙われたアイヌの人たちの困惑した姿が想像される。当然のような顔をしてやって来た吸血鬼のような「赤い顔《フレ》の隣人たち《シサム》」の学問研究・医学のため、アイヌに多かった結核患者を救うために役立つからとの説得に従わざるを得なかったのだろう（積極的に採血を望むものが三人いたという。）

日本人と同化しつつあったアイヌに対して、「いま研究しなければ」と墓の人骨ばかりでなくアイヌの全身（内臓）も狙われたが、血液だけは生身の人間から取るしかなかった。「滅び行く民族の記録」に彼らは焦っていた。一九六五年から一九六六年の八カ月にわたり、二風谷、旭川、ム川、白老、静内の各地で採血し、アメリカの血液銀行へ送り各研究者に分与された。その研究成果として「人類学的に珍しい。血液型の抗原と他の遺伝因子に対し十分に試験されるべき」と記録されているという。

さらに、手島氏は当時の日本の状況を讀賣新聞、朝日新聞の記事で報道されていることを紹介しているが、その内容を要約してみると讀賣は「北大の児玉作左衛門（頭骨一千余体）は自分の経験から、採血に協力する門下生に対して『一人一人のアイヌを説得して了解を得るように』注意した。又アイヌ側の声として『アイヌ、アイヌと言わないでくれ、われわれはもう立派な日本人だ。特別扱いをされたくない』の声があることも伝えたようである。道庁と、北大も消極的であったようで、アイヌが拒否すればこの計画は失敗するかも知れない」と批判的に書いている。朝日新聞は「北大も道庁も、この人類学的研究に賛意を表した」と微妙な違いを見せている。記者の取材の観点とアイヌ民族の民族復興への願いが小さな火種となって燻っていたことを察知できなかったことの違いだろうか。

世界的に研究のため、学問のためという研究者たちの権威の標榜が何事にも優先するし、社会全体もそのために個が協力するのは当然の空気が強かったことは事実だが、アイヌ民族を標的にした人体実験であることは明白であったし、「アイヌを刺激するだけだ」と危惧するジャーナリストが存在していたことも見逃してはいけない。

一九六八年、結城庄司はアイヌ解放同盟を結成。一九七一年年には長編叙事詩「シャクシャインの歌」を新谷行は書いた。さらに『アイヌ民族抵抗史』が出版される。

研究者たちがアイヌの生血を求めていた頃、ペウレアイヌ（若き人）たちの民族復興の動きは静かに燃え始めていたのである。一九七二年の日本人人類学会でのアイヌ差別弾劾行動は、「俺たちアイヌ（人間）は滅びていないのだ」の強い叫びであった。

〔55〕 本音は隠せない

麻生太郎氏は安倍内閣の副総理であり重鎮である。また、日本国家は民主主義国家でもある。国会議員も等しく国民から選ばれた者たちであることも間違いではない。

二〇二〇年一月十三日、麻生氏の地元、直方・飯塚の両市の国政報告会で、「二千年の長きにわたって、一つの場所で、一つの言葉で、一つの民族、一つの王朝が続いている国はここしかない。いい国だ」と発言した。十四日には記者会見して、アイヌ施策推進法で先住民族と明記した政府方針を否定するつもりはまったくない、誤解が生じているなら、お詫びのうえ訂正すると言ったと報道された。

辞書では「誤解」の意味を「事実とは異なる認識を持ったり、物事を本来の意味とは違って理解したり、その人の真意と相反する方向に判断すること」とある。どう訂正するのかわからなかったが、「俺様は悪くないんだ」とのニュアンスが強く感じられた。麻生太郎氏が心から謝るなんて考えられない。

彼が育った筑豊炭鉱は、遠賀川が流れ、大中小、幾つもの炭鉱があり、一山一家の気風に満ち、そこの大炭鉱の御曹司である。太郎氏は麻生財閥の総領となるべき男である。遠賀川を始め各支流を無数の石炭運搬船が響灘《ひびきなだ》まで行き来する。粋な男たちの威勢の良い声が飛び交う時代があった。その者たちは「川筋者《かわすじもの》」と言われた。褌一丁で祭りの神輿を担ぐ、炭鉱の御曹司太郎は気さくで、男らしくて、鉱夫や川筋者たちに絶大な人気を集めたという。つまり、太郎氏は男のなかの男であった。日本青年会議所の全国大会のとき、多くの取り巻き連中を引き連れて歩く太郎氏の姿を見たことがあるが、まさに堂々闊歩、その筋の親分かと思われるほど、ある種の風格さえあった。

麻生炭鉱も一九三九年~四五年にかけての第二次世界大戦中に朝鮮半島からの労働者を多く使役した。会社創立以来その数は延べ一万人を超えたといわれていて、一九三二年の「麻生炭鉱朝鮮人争議は千人以上が二日間に及ぶストライキが行われた」という。(『次世代へのメッセージ』芝竹夫編)

「私共ハ日本帝国ノ臣民デアリマス、私共ハ、心ヲ合セテ天皇陛下ニ忠義ヲ尽シマス」と朝鮮人小学生に唱えさせた（皇国臣民の誓）日本国家の主要産業は、石炭・セメントであり麻生家はその一翼を担っていた。戦争が激しくなると日本人労働者が兵役に取られる。労働者不足となる。

「男も女もセメントの材料となる石材を毎日、毎日運ぶのです。会社はわれわれがいなければ持たなかったでしょう」（『足で見た筑豊』金光烈、明石書店）と使役していた朝鮮人に言われている。麻生炭鉱・セメントは朝鮮の人たちによって支えられた時代があったのである。太郎氏はその事実を知らないわけではない。自分の会社の歴史的事実を認めようとしないだけではないのか。

太郎氏の選挙地盤は盤石である。政治家となり総理大臣にもなった。派閥を率いる大物政治家となった。だが、太郎氏の妄言はいまに始まったことではない。

「植民地支配による義務教育がハングルの普及に貢献した」「創氏改名は朝鮮人がくれと言ったからやったのだ」「あちら（朝鮮）はあちらで勝手に、われわれは、われわれできちんとやればいい。歴史認識は一緒になるわけがない」「靖国問題でとやかく言うのは中国と韓国だけだ。気にしなくていい」「日本は一国家、一文明、一言語、一文化、一民族」（二〇〇五年）。他にもたくさんあるが恥ずかしくて書くのをはばかる。今回の発言と同じことが九州の国立博物館の開館のときも発言されているのだ。

歴史的事実を否定して偏向的な歴史観で固まっている男一匹、麻生太郎氏にとって、アイヌ新法が成立しようがしまいが「俺の本意なのだ」。決して自分が間違っているとは思っていないことは確かだ。謝っているふりをしているだけだ。

［56］　人として守るべき道

日本人類学会・日本考古協会・日本文化人類学会が、白老町に建設される民族共生象徴空間（ウポポイ）の関連施設のアイヌ人骨慰霊施設で、アイヌ人骨を対象の研究をすすめるために「研究倫理検討委員会」を作り「研究倫理指針」を策定することが報道された。詳細は不明だが、明治元年以前の人骨を研究対象に、それ以後の人骨は慰霊だけで研究対象にしないとのことである。

そもそも倫理とは人として守るべき道である。アイヌ人骨は標本でも文化財でもない。

アイヌ民族の宗教上の習慣によって地中（ポクナモリシ）に死後の魂の世界があり、そこで永遠の生があるとして埋葬されたものだ。カムイの世界が天上の天、人間の世界が地球上。三層に分かれているとの宇宙観であるのだ。その哲学の元にアイヌ民族の文化、生活、宗教があったのである。そこへやって来た集団が一方的に人骨を盗み出し（小金井良精他）、さらに道路、宅地、農地、ダムなどの土地開発を行い、アイヌの墓地を破壊し、出土した人骨を北海道大学医学部や博物館で保管し研究対象や標本としたものであった。

一九七〇年代頃からアイヌ民族復興の狼煙《のろし》があがり、北大のアイヌ人骨保管のデタラメさが報道されると、アイヌ民族側からの強い抗議があり、慌てて大学構内に納骨堂（建築のための補助金申請上の目的は標本庫）を作って体裁を繕ったが、人骨問題の根本的解決とはならなかった。

司法の場でも「人間としてすべきことではなかった」（チカップ恵美子の肖像権裁判、高倉新一郎の証言）と盗骨に立ち会ったアイヌ研究の第一人者といわれた北大教授が、倫理に反する行為であったとの反省のことばも残った。児玉作左衛門たちのアイヌ墓地からの発掘も大日本帝国の後盾による日本学術会議によるものであり、終戦後の民主国家日本でもアイヌ人権無視の風潮は続き、学問研究の倫理を超える傲慢さは消えずに続いた。

「（アイヌの屍体）は実に日本の国宝ですよ。北大以外に世界の何処にもないのですからね。世界の医師が皆見て行きます」と誇らしげな大学教授の言葉がそれを物語る。（「平光吾一教授談」北海道大学医学部アイヌ人骨収蔵経緯に関する調査報告書）

不適切に集められた人骨を研究材料にする権利は誰にもあるわけがない。学者、研究者にあるとの思い違い、その上に立つ「研究倫理指針」など通ずるわけがない。人倫とは道徳・規範となる原理だからだ。「慰霊しながら研究材料にする」などは何という思い上がりだろうか。誰の、どこに、その権限があるというのか。

アイヌ民族の尊厳を無視した、人倫に反した行為の結果のすべてが、現在にあるとの認識に立つべきだ。根本的解決のためには、まず日本国家の心から謝罪が必要なのだ。先住民族として認めた以上、日本民族の犯した過ちを認めての謝罪が必要だろう。これこそが倫理にかなう唯一の道であろう。

そのうえで、返還し、埋葬のための場所、経費、何らかの補償等は日本政府が全責任を持ってこれに当たるべきだ。小手先の対応ではいつまでもこの問題は引きずるだろう。大学、研究者の責任とする問題で解決するものではないのだ。そのことに気づかないのが悲劇なのである。

「アイヌ人骨研究」というもっともらしい「学問の暴力」が、これからも行われるとすれば世界の先住民政策の流れに反し、まったく恥ずかしい事態になることは必至である。

「ウポポイに人骨を集約して、今度は堂々と研究するつもりか」「いまさら倫理なんておこがましいよ、これまで隠蔽、謝罪の拒否、言い逃れの連続だったじゃないか」との声が聞こえてくる。

倫理指針を作るメンバーに言いたい。自分の先祖の墓を掘り返し、骨を他人に渡していじくりまわすことを許すのか。自分の親や、妻の骨を研究のための対象とするのか。

人として守るべき道を倫理という。

〔57〕 アイヌに教育と土地を

明治新政府が、北海道に新天地を求めて本格的開拓を始めようと多くの日本人を北海道へ送りこんだが、先住民アイヌに対する施策をほとんど持ってなかったことは明白だ。

明治維新から十五年を経た明治十五年、アイヌ学校を設立してほしいとの嘆願書が幌別アイヌ五人の連署で開拓使に提出される。また、翌年、金成太郎の同主旨の請願書も提出されたが無視されたといってよい。こんな状況のなかで、明治天皇が千円、文部省が二千円、アイヌ教育基金として拠出したが、肝心の開拓使がどう使ったらよいのか迷走する。当時はまだ三県時代(札幌・函館・根室)で何とかしなければならないと協議を始め、「北海道旧土人教育義会」を設立しようとするが三県の意見がまとまらず明治十九年、道庁となってしまう。アイヌに対する無策の現状を憂いた官吏と民間人が動き始めた。

　全国の有志に呼びかけて義援金を募集して、それを資金として道庁(三県が一つになった)の助成監督を受けながら設立運営しようというものであった。その柱となったのがアイヌの教育と勧農(農業を身につけて自立する)であり、その呼びかけの檄文を発するのである(阿部正己資料「明治十九年道庁学務課書類綴写」鶴岡市立図書館蔵)。

「今ニシテ(アイノ)ニ殖産ノ道ヲ起シ　生活ノ方法ヲ立ゼンバ　徒ラニ此民ヲシテ殆ド　枯倒セントスル惨状ニ至ラシメントスル」(明治十九年五月、秋葉実解読)

　具体的な方策も示されたが、その基本となるものは教育と農業であり、アイヌ一戸に二町歩。学校を沙流、幌別、有珠、十勝に建設。有資格教員を配置し、寄宿舎も無償とするものであり、全国から義援金十五万円を集めるというものであった。かの有名な鹿鳴館建設費も同等の金額であったというから驚きである。また、本社を幌別村に置くというのも注目しなければならない。発起人の一人に幌別村のアイヌ金成太郎の名があるからである。発起人は官吏、学者、区長、新聞社社長等、当時の錚々たるメンバーである。

太郎は各界からその存在を認められていたものであり、彼のアイヌ学校建設の要求は先の請願書にもあり、三吉笑吾（初代・北海道庁学務課長）の日記にも「旧土人の目下の情を説く、其大意、皆農業地なきを憂うの如し」（明治十七年十二月十二日付）と書かれたようにアイヌが農地を欲し、自立の意志を早くから持っていたことがわかるのである。

しかし、これが流産する。太郎の師でもあったジョン・バチラーは、一八九三年（明治二十六年）十一月十日、次のように書簡に書く。「エゾに移住した和人は容易に地券や他の保証が獲得できるのにアイヌにはそれがない。和人がアイヌの人たちの住んでいる土地を希望したため家族全部とか村全体が他の土地に追われたケースを私は知っている」と。

日本人の開拓の手が広がるにつれてアイヌの居住地は狭くなってくる。バチラーは、アメリカインディアンのための「ドーズ法」（インディアン一般土地割当法）を入手し、一八九四年（明治二十七年）道庁役人であった白仁武に渡したと思われる（立教大学教授富田虎男氏の示唆）。先住民族を農業に従事させる目的で一定の面積を無償で提供するというもので、白仁武が「旧土人保護法」の下敷をこのドーズ法をもとに作成したものであろう。

「北海道旧土人保護法」は一八八九年（明治三十二年）公布された。アイヌ保護という目的で、国会で審議され成立されたが、保護という名のアイヌ差別容認の法律として百年間も重くアイヌの上にのしかかった。アイヌを日本人として農民のみを保護するもので、アイヌ学校も同化が目的であり民族文化を消していくものであってこの学校も消えた。「アイヌに教育と農業を」の声もむなしく消えていったのである。保護法成立の二年前、すでに太郎は函館の路上で死への道を旅立っていたのであった。

［58］新型コロナウイルスと疱瘡《ほうそう》

地球上は人類対新型コロナウイルスとの一大戦争の様相となってきた。ミサイルや核兵器もなんの役にも立たず宝の持ち腐れであり、目に見えないコロナウイルスの一方的な攻撃によって逃げまどうばかりの現状である。マスク、消毒液等で身を護るだけの方策しかない。他人の唾や飛沫からのウイルス防止のため、人との接触を避けるのがいまのところの唯一の戦術だと、国は緊急事態宣言を全国に発令した（二〇二〇年四月十六日）。

地球上の各国も厳しい規制で戦っているが、その戦術は防御のみで感染者は一七三一万五千人（八月一日時点）を超え、死者も続出していてこの「戦争」の終息の目処は立っていない。

叡智を誇り、あらゆるものを解明して、人類のために世界経済を豊かにし、地球を制覇したかのような人類もコロナ出現になす術《すべ》もなしの現状である。今日の科学医学をもってすればコロナ壊滅は時間の問題であると油断があったのではないか。

地球上の爆発的な広がりも抑えこむことができず、毎日の感染者数と死亡者数に怯えるばかりである。マスクがない、検査機関が少ないの現状は、最も原則的なところで大きな間違いを犯してきた人類の驕りがあったからではないのか。何百兆円とか何千億円とかの金銭は見たことはないが手作りマスクは目前にある。原価何百円のものだ。しかし何百万円もする自動車に乗ってマスクを求め人間は列を作って並ぶ。何でもありで何でもできるはずの国家は、総理大臣が国民にマスク二枚を支給するとテレビで喋っていた。四六六億円もかかるのだそうだ。今度は一人に十万円をプレゼントすると息撒く。

一大戦争なのだから総大将はどっしりと落ち着いて明解な戦術を立て果敢な決断と行動が求められているが、どうもその姿が怪しくなって、日々揺れている。

家は焼かれ、肉体が飛び散り、原子爆弾が落ち、二千万人以上の人命を散らして地球上の戦争は終わった。その戦争が終わった後の日本の経済はどうなったか。紙切れ同然のお札を前にどん底を味わった。非常事態宣言を発出している口から金額のことが突いて出る。お金が一番大切なことは百も承知。だが、総大将は肝心な戦術を説得力を持って語るべきではないか。誠に不安、先が見えない。

四百年も前、アイヌ民族も長い年月、現在の世界の人々と同じ思いをした歴史を持つ。天然痘、疱瘡《ほうそう》との戦いである。一六二四年には和人もアイヌも多数死んでいるし、一七七六年には死者六四七人、留萌、石狩地方最も多く、さらに「北海随筆」には「山中に逃れ、流行がおさまると、元の家に帰る。親は子を捨て、子は親を顧《かえり》みず、深山に入る」とその悲惨さを記している。薬はなく高熱を発して死ぬ。顔には吹出物ができて顔面は一変する。まったく恐ろしい状態になったのである。

松浦武四郎の「夕張日記」にもその悲惨さが記されており、一八五七年には江戸の医師桑田立斉が来道し、ホロベツで強制的に種痘を行った。つまり「牛痘《ぎゅうとう》の術」である。顔に鍋墨《なべずみ》を塗って山に逃げたアイヌに、「牛痘」しかないことを説得し、接種したものであった。

それまでアイヌは疱瘡との戦いは祈りと呪《まじな》いしかなかった。家の入口には臭いの強い植物や魚の骨などを飾り、村の入口には人糞を置いたともいわれているが種痘によって状況は一変していくのである。アイヌ語で「トコタン（toukotan）悲惨な村」の地名が各地にあるが、疱瘡によって人間が死に廃村になったためだという。

金田一京助は「疱瘡のカムイが天上から降りてくるとき赤い点々の衣裳を着ている」と表現したが「霞の小袖を着たシカトルケカムイ（疱瘡神）」が悠々と闊歩している姿は、新型コロナウイルスが地球上を覆っている現状と同じだ。この新型コロナウイルスは、王冠をつけているウイルスと聞くが定かではない。われわれは現在、コロナとの大戦争の歴史を生きているのだとの自覚を持ちたいものだ。

なお、「北海道新聞」（二〇二〇年八月一日）は、世界の感染者数一七三一万五七五〇人、死者六七万三五六八人と報道している。

［59］　数奇の人　八重子

アイヌ名フチ、戸籍名向井八重子、養女としてのバチェラー八重子、の三つの名前を持ったこの人の人生はまさに不思議というか、数奇の人としか言いようがない。もう一つ、「コタンのマリア」とも呼ばれたと言うし、また「ウタリのサポ」（同胞の姉）とも言われた。

一八八四年（明七年）伊達市有珠で誕生、一九六二年（昭和三十七年）に京都で没するまでの七十八年間の人生はまさに波瀾万丈であった。

フチはアイヌ語で老婆の意味であるから生まれた女の子にどうしてフチの名がついたのか、まさにアイヌの世界である。八重子は日本人とされてフチの名は見事に隠され、またバチェラー八重子の名はアイヌでも日本人でもない人間となってしまった。父、向井富蔵は他人に騙され家財産を失ってしまうが、イギリス人宣教師ジョン・バチェラーに心酔し、洗礼を受けた。父の死後、没落した向井家から逃れるように札幌のアイヌガールズホームで育てられ教育を受けるが十三歳のときである。十八歳でC・M・S（キリスト教聖公会）伝道協会の婦人伝道師となる。また、イギリスへ、ジョン・バチェラーと渡り、カンタベリー大主教から按手（頭の上に直接手を置いて祝福する）を受けたと言われているがこのことがクリスチャンとしての八重子を決定的にしたものであろう。キリスト教を媒介にして八重子アイヌは和人と肩を並べることになり、二十二歳のときにはバチェラーの養女となって向井八重子からバチェラー八重子となった。

一九二四年から幌別教会に勤務し、「アイヌ婦人友愛会」「ウタリ修養会」等を作り、専ら「飲酒・怠惰《たいだ》・自棄《じき》」を戒め、住居改善衛生思想・教育の奨励等の運動の先頭に立ちながらもアイヌの自尊心をも強く説いたと言われるが日本人との同化をはからなければこの社会で生存することが不可能であることを強く認識していたからであろう。民族の誇りを失う事なく他の文明文化を受け入れざるを得ない苦悩を歌人としての八重子は短歌で表現しているのである。

「亡びゆく一人となるともウタリ子よ　こころ落さで生きて戦え」

幌別教会で勤務中に知里高央、真志保等に姉のように慕われ短歌の世界へも引き込んだ後、平取教会では放浪の歌人と言われた違星北斗とも交流があり、多くのアイヌウタラから「ウタリのサポ」(同胞の姉)と呼ばれ「アイヌである自分」を強く意識されたことが短歌にも表われたと藤女子大学教授・故丸山隆司は『アイヌ学の誕生』(彩流社)のなかで述べている。

また、彼女はアイヌ語による短歌にも大胆に挑戦していて、金田一京助を喜ばせる。金田一は歌人佐々木信綱と図り八重子の短歌集『若きウタリへ』を発刊するが、八重子のアイヌ語の短歌「モシリコロ、カムイパセトノ　コオリパカン　ウタラパピリカ　プリネグスネナ」を日本語に意訳して次のように表現した。「大八州《おおやしま》国知ろしめす神のみことのたふとしや　神にみいづやいや高にさかえますべし」。完全にアイヌが帝国と天皇の御威光《みいつ》を賛えたと解したのである。

第二次世界大戦が激しくなるとキリスト教徒へのスパイ容疑の弾圧による周囲の人の目が冷たくなり伊達の有珠教会へ帰った八重子の生活は困窮を極めて来る。そんななかでも八重子は神の教えを説いた。教会に同朋の子たちを迎え、「コタンのマリア」と呼ばれたのである。そんなある日、倒れそうになってたどり着いた片言《かたこと》の日本語を話す朝鮮人、強制連行による強制労働の虐待から逃れてきた宗さん。彼をかくまい続けた。乏しい食を与え教会での隠れ住居《すまい》、彼は、八重子をお母さんと呼んだという。終戦後、事業を起こし成功した宗さんは老齢の八重子を関西に招いた。

アイヌと、逃亡朝鮮人と生きることへの懸命な生活のなかで体感した人間愛。八重子はその旅行中に脳溢血で死ぬ。宗さん一族は賛美歌で日本の京都で八重子を送ったという。八重子は本当に数奇の人であったのである。

[60]　米寿と紙人形劇

二〇二〇年である。一九三二年生まれの私はとうとう八十八歳。米寿である。昭和二十四年第二回全国高等学校バレー大会で全国第三位。その球友たちもばたばたと倒れ、同期は三人だけとなってしまった。全国大会(西宮市)へもパン持参、夕張から大阪までSL、車中二泊、煤煙で真黒になって宿泊所の中山寺に着いた。

遠征費の大半は北炭夕張が出してくれたと聞いた。夕張中学も北炭の肝入りでできたといわれ、校歌の作詞も北炭の前田一だ。後に経団連の専務理事となり労働者の総括団体総評と対決して日本中に名を馳せた。夕張時代も文人で粋な遊び人であり料理屋から会社へ通ったという逸話を残した。私もそんな夕張を後に全道の各地を流れ、五十八歳でサラリーマン生活に終止符を打って、町のアイヌの人たちの仲間に入れてもらい、アイヌ文化復興のひとつとしてできた「知里真志保を語る会」の末席を穢した。

「アイヌ文化振興法」の成立に伴う、「アイヌ文化アドバイザー」の委嘱を受けたが、それ以前一九九三年に幌別西小学校で四年生を前に初めてアイヌについて授業を行った。あれもこれもの気負いが過ぎて一人よがり、何をしたか記憶にはないものであった。

悩んだあげく自分のできることはしっかりと、アイヌ民話を読み聞かせることであると気づいた。ところが、アイヌ民話は話の筋は書かれてあるが、物語《ストーリー》として小学生を相手にするはちょっと難しいので小学生向けに作り直さねばならなかった。

そこで、最初に取り上げたのが平取町在住の黒川伝造(故人)さんから聞いたシシャモの話だった。これが「柳の葉が魚になった」の表題となったのである。(黒川さんの創作童話は私が文章を書き、故藤野千鶴子の絵で「エカシのさくら」となってこの世に出た)。

実際に、四年生の前に立って読み聞かせを始めると、柳の葉もシシャモも子供たちには実像がつかめず、いまひとつぴんと来ない。次の年からは柳の葉の実物とシシャモを持参した。これも毎回とは行かず何とか具体像を捉えさせたいと紙芝居を作ることにした。
ところが、肝心の絵が下手だ。脚本を作って絵を描かねばならない。知里真志保が残した民話の登別のフンベ山(鯨の頭)と、様似地方の伝承のシャチへの嫁入りの話を元に、「海のカムイの贈り物」のストーリーを創り、色紙をベースにしたキャラクターはカラーコピーによる絵となって下手なりにでき、近所の人に紙芝居の木の舞台を作ってもらって授業に出かけた。子供用の衣裳もできたのでそれを着せての授業、子どもたちは大喜び、授業は成功したが、慣れない衣裳を上手に着れずトイレのときに小便で濡らす子が続出、洗濯が大変だと借用を断られてしまった。

年を重ねるに従い紙芝居の舞台の持ち運びが重く感ずるようになって来る。

そんなとき、紙人形を紙の舞台で演ずることができないかと思い立ち挑戦することにした。
脚本作り、出演するキャラクターの作成、紙の舞台をどうやって作るか。脚本を吹き込み、読まれるストーリーに合わせて演ずる方法を取ることにした。毎日、紙と糊の戦い。部屋中は紙くずだらけの日が続く。半年以上の月日があっと言う間に過ぎて行く。

「柳の葉が魚になった?」「フンベ山とワシベツ岬」「モモンガ沼」の三本。この人形劇を「ウレンパ(育て合う)劇場」と名づけた。

子どもたちはテレビの映像と異なる世界へ引きこまれる。上演が終わるとたちまち取り囲まれる。完全にアイヌ民話の世界に子供の魂を引きずりこんだことに満足する。東京のアイヌ文化交流センターまで出かけることになり、二〇一九年度は小学校十三校を超えた。もう何年続いたのだろうか。

老いは突如としてやって来る。腰痛、難聴による子どもとの会話の不成立。

「もう好きなだけやったのだから……」と老妻の声。あの世に逝った友人たちも手招きしているような気がする。

「もう休むからもう少しこっちに居させてくれ!」

八十八歳・米寿の私の声である。

あとがき

「お爺ちゃんの紙芝居、もらえないかな」と妻の携帯電話にメールが入った。

今年の春、幼稚園の先生になったばかりの孫娘からであった。

「喜んで差し上げます」と返事を出した。

アイヌ民話を題材にして色紙の色彩を主とした創作紙芝居で、小学校での出前授業で教材にしたものであった。

米寿を迎えて耳も遠くなってきたし、腰も痛くなってきた。この辺で出前授業も終わりにしようかなと思ったが、教材とした紙芝居や紙人形劇のキャラクターや小道具の始末をどうしようかと考えていた矢先であった。

身内のなかでもらってくれる者が出てきたらベターなんだがと密かに思ってはいたが、押しつけてどうしろと言える代物ではないし、物好きな誰かで引き受ける人はいないだろうか……と思案していたのは事実だった。孫娘は遊びに来たときに書斎での私の挙措からそれを察したのだろう。

幼児教育の現場で働く孫娘の側でいつか役に立つことがあったら最高の幸せだ。この原稿「息吹よふたたび」の校正の最中の孫娘からのメールであり、二重の喜びであった。

米寿の世捨て人同然の存在で勝手なことを書き連ねたが大きな心で出版助成を決定してくれたアイヌ民族文化財団のみなさんの寛容さに感謝を申し上げたい。

さらに、地方新聞の立場でアイヌ文化振興のひとつとして役立つと認めて連続掲載してくださった室蘭民報の野田龍也編集局長、文化担当の五十嵐康裕さん、中部支社のみなさんの御厚情に深く御礼を申し上げる。

また、表紙と扉に画家の故藤野千鶴子さんの作品を用いた。心よくご提供をいただいたご遺族にも御礼を申し上げたい。

「アイヌに対する安易な加担、同情、礼讃が、厳しいアイヌの史実を隠蔽してしまう怖れがある」との老人の辛口なことばをもって、あとがきとしたい。

二〇二〇年八月

富樫利一識

【著者】

富樫利一

…とがし・としかず…

1932年北海道生まれ。夕張北高等学校卒業後、登別市役所勤務を経て、現在、アイヌ文化アドバイザー。アイヌ文化とアイヌの自立・復興についての講演を全国で行なっている。また、子どもたちへのアイヌ口承文学の読み聞かせ活動にも長年取り組む。主な著書には『ウレシパ物語』(寿郎社)、『維新のアイヌ 金成太郎』(未知谷)、『伏流』『風に祈る』『血価の証言』(彩流社)等がある。

Sairyusha

息吹《いぶき》よふたたび

二〇二一年四月三十日　初版第二刷

著者――富樫利一

発行者――河野和憲

発行所――株式会社 彩流社

〒101-0051

東京都千代田区神田神保町3-10大行ビル6階

電話：03-3234-5931

ファックス：03-3234-5932

E-mail：sairyusha@sairyusha.co.jp

印刷――明和印刷(株)

製本――(株)難波製本

装丁――中山銀士+金子暁仁

本書は日本出版著作権協会(JPCA)が委託管理する著作物です。複写(コピー)・複製、その他著作物の利用については、事前にJPCA(電話03-3812-9424 e-mail: info@jpca.jp.net)の許諾を得て下さい。なお、無断でのコピー・スキャン・デジタル化等の複製は著作権法上での例外を除き、著作権法違反となります。

©Toshikazu Togashi, Printed in Japan, 2021

ISBN978-4-7791-2716-8 C0021

http://www.sairyusha.co.jp

本書の初版(第一刷)は公益財団法人アイヌ民族文化財団2020年度出版助成を受けたものである。